핵심 헬라어
문법과 강독

Essence Greek. Grammar and Reading by Jonggil Byun
published by The Word Press, Daegu, Korea
ⓒ The Word Press 2020

All rights reserved. No part of this publication may be reproduced, stored in a retrieval system, or transmitted in any form or by any means, electronic, mechanical, photocopying, recording, or otherwise, without the prior written permission of the publisher.

핵심 헬라어 문법과 강독

초판 발행 2020년 12월 28일

지은이 변종길
펴낸이 박재일
펴낸곳 말씀사
출판등록 110-92-16217
주 소 대구광역시 동구 송라로12길 15

디자인 김은정
인 쇄 성광인쇄

구입 문의 말씀사 Tel. 053)759-9779 Fax. 053)745-7997
판 매 처 전국 주요 서점 및 말씀사 쇼핑몰, 인터넷 서점

말씀사 쇼핑몰은 www.malssum.com입니다.
책 내용에 대한 문의는 저자의 다음 카페 **말씀나라**에 해 주시기 바랍니다.

ⓒ 말씀사 2020
본 출판물의 저작권은 말씀사에 있습니다.
이 출판물은 저작권법에 의해 보호를 받는 저작물이므로 이 출판물의 일부 또는 전부를 출판사의 사전 서면 허락 없이 복사하거나 전재하는 것을 금합니다.

파본은 바꾸어 드립니다. 책값은 뒷 표지에 있습니다.
ISBN 979-11-89814-02-1 03230

핵심 헬라어
문법과 강독

변종길

말씀사

머리말

이 책은 개혁주의신행협회(개혁주의출판사)에서 출판된 『핵심 헬라어』(2015년 개정증보판)의 판권을 양도받아 말씀사에서 새롭게 출판한 것이다. 내용은 그대로이나 약간의 오자를 수정하고 새로 편집하였다. 그동안 부록으로 제공하던 "핵심 화란어 문법"은 PDF 파일로 만들어 무료로 공개하였다(다음 카페 말씀나라). 한평생 출판 사업을 통해 개혁주의 신학 보급에 힘써 오신 개혁주의출판사의 최석진 장로님께 감사드리며, 이 일을 이어가기 위해 기도하며 수고하시는 말씀사의 박재일 장로님께도 감사를 드린다.

이 책은 고려신학대학원에서 근 30년 동안 헬라어를 가르치면서 쌓은 경험을 토대로 정리한 것이다. 초보자들에게 기초부터 설명하고자 함이 아니라 메이첸이나 박창환 역편 등의 헬라어 교재를 가지고 공부하는 학생들에게 보조 역할을 함을 목적으로 한다. 필자의 『헬라어 익힘 문제 풀이집』(말씀사)을 함께 사용하면 많은 도움이 될 것이다. 그리고 필자의 유튜브("변종길")에 "헬라어 알파벳"(쓰기와 읽기)과 "헬라어 강독" 몇 편을 올려놓았으니 참고하기 바란다.

본서는 2부로 구성되어 있다. 제1부 〈문법편〉에서는 중요하고 핵심되는 기초 문법들을 요약 정리하였다. 특히 후반부(§55-§58)에서는 중요하지만 아직 충분히 이해되지 않고 있는 헬라어 동사의 시상(時相) 문제를 조금 다루었다. 제2부 〈강독편〉에서는 요한복음 1장과 로마서 8장을 택하여 강독하였다. 요한복음 1장에서는 초보자를 위해 문법적 설명과 함께 공부하는 방법을 제시해 놓았으며, 본문에 대한 주석적인 설명도 간간이 덧붙였다. 로마서 8장에서는 신학적으로 중요한 부분에 대해 약간의 설명을 덧붙여 놓았다.

  아무쪼록 이 교재가 신약 성경을 원어로 읽고 이해하기 원하는 모든 사람들에게 큰 도움이 되기를 바란다.

2020년 12월

변 종 길

목 차

머리말 _4
서 론 _9
I. 왜 헬라어를 공부해야 하는가? _9
II. 헬라어를 효과적으로 공부하려면 _12
III. 갖추어야 할 것들 _14
IV. 헬라어의 역사 _15
V. 헬라어 발음 _18
VI. 숨표와 구두점 및 가름표 _21
VII. 악센트 _23

제1부 문법편

§1. 관사 변화 _30
§2. 명사 변화 _31
§3. 형용사 변화 _33
§4. 형용사의 세 용법 _34
§5. 지시 대명사 _36
§6. 인칭 대명사 _38
§7. αὐτός의 용법 _40
§8. 헬라어 동사 변화(I) _43
§9. 헬라어 동사 변화(II) _44
§10. 디포넌트 동사 _45
§11. 미완료형에서 접두 모음이 붙을 경우의 모음 변화 _45
§12. 미래형에 있어서의 자음 변화 _45
§13. 아오리스트에서의 자음 변화 _46

§14. 제2 아오리스트 _46

§15. εἰμί 동사 변화 _48

§16. 주요 동사의 기본형(I) _50

§17. 주요 동사의 기본형(II) _51

§18. 분사 변화 _52

§19. 접두 모음의 탈락 _56

§20. 분사의 용법 _56

§21. 절대 속격 구문 _58

§22. 분사의 시상 _58

§23. 주요 전치사 _60

§24. 가정법 _62

§25. 가정법의 용법 _64

§26. 부정사 _65

§27. 부정사와 전치사의 결합 _66

§28. τοῦ + 부정사 _66

§29. 부정사의 의미상의 주어 _67

§30. 축약 동사 _67

§31. 유음 동사 _68

§32. 재귀 대명사 _69

§33. 상호 대명사 _70

§34. 명사 변화 보충 _70

§35. 형용사 변화 보충 _72

§36. 수사 _74

§37. 의문 대명사 _75

§38. 부정 대명사 _75

§39. 관계 대명사 _76

§40. ὅς ⋯ ἄν (ἐάν) + 가정법 _77

§41. 명령법 _78

§42. 금지 _80

§43. 형용사의 비교급과 최상급 _80
§44. 부사 _81
§45. 계류 주격 _82
§46. 비교의 속격 _84
§47. 수단의 여격 _85
§48. 관점의 여격 _85
§49. 시간의 속격 _86
§50. 시간의 여격 _86
§51. 공간과 시간의 범위를 나타내는 대격 _86
§52. 소유 형용사 _87
§53. 조건절 _87
§54. 희구법 _90
§55. 헬라어 동사의 주요 시상 _93
§56. 아오리스트의 용법 _94
§57. 헬라어 동사의 기본 개념 _98
§58. 헬라어 동사의 시상 연구 역사 _100

제2부 강독편

I. 요한복음 1장 _105
II. 로마서 8장 _146

서 론

I. 왜 헬라어를 공부해야 하는가?

 신학교에 들어오면 넘어야 할 중요한 과제가 헬라어와 히브리어이다. 그러나 많은 사람들은 이 공부에 대해 의문을 가진다. 영어도 제대로 안 되는데 생소한 언어를 또 배워야 하는가? 헬라어와 히브리어가 목회에 꼭 필요한가? 그렇게 많은 시간과 노력을 들여서 공부할 만한 가치가 있는 것일까? 차라리 그 시간에 영어나 더 배우고 실천 신학 과목을 더 듣는 것이 낫지 않을까? 이런 질문들에 대해 우리는 근원적으로 심사숙고해 볼 필요가 있다. 그리할 때 우리는, 목회자가 되려고 하는 사람에게 원어 공부는 필수적이며 수확이 큰 투자라고 생각한다. 왜 그런 것일까?
 먼저 하나님의 말씀인 성경을 올바르게 이해하고 전달하기 위해서는 원어 공부가 필수적이기 때문이다.
 현재 우리가 가지고 있는 성경은 번역본이다. 따라서 원문에 맞게 바로 번역되지 못한 부분도 있으며, 또한 바로 번역됐다 하더라도 뜻이 정확하게 전달되지 않는 경우도 많다. 예를 들어, 현재 우리가 사용하고 있는 개역 한글판 성경은 마태복음 1장 1절에 "아브라함과 다윗의 자손 예수 그리스도의 세계라."라고 번역하고 있다. 여기에서 '세계'란 무슨 뜻일까? 많은 사람들은 그저 '세상'(world)이라고 생각할 것이다. 그러나 이 단어의 원어는 '비블로스 게네세오스'(βίβλος γενέσεως)로서 '기원 또는 발생의 책' 곧 '족보'라는 의미이다. 그런데, 만일 여러분이 강단에 섰을 때 이 구절을 가지고 "예수 그리스도의 세상은 이렇고 저렇고"라고 설교한다면 어떻게 되겠는가?

그리고 마태복음 6장 33절은 "내일 일은 내일 염려할 것이요"라고 되어 있다. 우리가 잘 알고 있는 이 말씀은 대개 "내일 일은 내일 가서 염려하자."라는 의미로 이해하고 있다. 그러나 원문에 보면 "내일이 스스로를 염려할 것임이니라."라고 되어 있다. 이 말은 곧 내일은 우리의 염려할 영역에 속한 것이 아니요, 하나님이 친히 염려하신다는 뜻이다. 따라서 내일에 대해서는 내일 가서 염려하라는 뜻이 아니라, 전혀 염려하지 말라는 것이 본문의 뜻이다. 이처럼 성경에는 잘못 번역되어 있거나 잘못 이해되고 있는 것이 많이 있다.

그러면 어떤 사람은 이렇게 질문할 것이다. 그렇다면 성경을 바로 번역하면 될 것 아닌가? 물론 옳은 말이다. 성경은 올바르게, 쉽게 번역되어야 한다. 그러나 실제로는 언어 구조의 차이와 시대의 차이, 그리고 해석상의 차이 때문에 올바르게 번역한다는 것은 대단히 어려운 일이다. 그러면 어떤 사람은 좋은 영어 성경을 참조하면 되지 않겠느냐고 생각할 것이다. 그러나 영어 성경이라고 다 바로 번역된 것은 아니며, 영어 성경에도 오류가 있고 분명하지 못한 부분이 많다. 심지어 우리 개역판 성경보다 못한 부분도 많다. 따라서 설교할 때 영어 성경을 가지고 이렇다, 저렇다고 하는 것은 위험한 것이며 옳지 못한 태도이다. 이것은 마치 어떤 사람이 셰익스피어의 작품을 강론하면서 영어가 부족하니까 일어 번역본을 가지고 논하는 것과 마찬가지다.

이 말은 물론 성경을 바로 이해하기 위해서는 모든 사람이 다 원어를 알아야 한다는 것은 아니다. 일반인들은 대개 번역된 성경을 읽고 신앙생활을 한다. 그러나 여러분이 생각해야 할 것은 여러분은 이제 평신도로서 성경을 읽는 것이 아니라 성경을 전문으로 가르치는 목회자가 되기 위해 수업 받고 있다는 사실이다. 여러분은 앞으로 평생 동안 성경을 가르치고 설교해야 할 입장에 서게 될 것이다. 그런데도 그저 번역 성경만 가지고 이 일을 하겠다는 것은 마치 영어를 모르고 셰익스피어를 가르치며, 한문을 모르고 논어와 맹자를 논하겠다는 것과 마찬가지다.

21세기에는 전문적인 지식이 요구된다. 과학자에게는 과학에 대한 전문적인 지식이 요구되고, 의사에게는 의학에 대한 전문적인 지식이 요구되듯이, 목회자에게는 깊은 경건과 훌륭한 인격의 바탕 위에 성경에 대한 전문적인 지식이 요구된다. 목회자에게 이런 전문 지식이 있기 때문에 사람들은 그에게서 하나님의 말씀을 들으러 교회로 오는 것이다. 그런데도 이 전문 분야를 소홀히 하고 다른 것들을 통해 목회하겠다는 것은 마치 의사가 의술 외에 다른 것으로 손님을 끌려는 것과 비슷하다.

오늘날 한국 교회를 볼 때 교역자들의 수고가 많고 열심이 대단한 것을 본다. 하지만 평신도들이 교회 예배에 참석하면서 공통적으로 느끼는 생각은 설교의 내용이 너무 빈약하다는 것이다. 평신도들은 기분 좋게 예배에 참석하러 갔다가, 목회자의 설교가 너무 산만하고 내용이 빈약하다는 사실에 실망하고 허전한 마음으로 돌아온다. 만일 교역자가 현재의 노력과 수고에 설교의 내용만 좀 더 보완한다면, 훨씬 더 많은 교인들이 올 수 있을 텐데 하는 아쉬운 생각이 들 때가 많다. 이처럼 교인들은 목사에게서 좋은 설교를 원하는데, 목사는 이것을 대충 해치우고 다른 것으로 승부하려는 것은 지혜롭지 못한 태도라고 생각된다. 따라서 원어를 잘 공부하는 것은 교회 성장에 대단히 중요하며, 다른 어떤 공부보다 중요한 실제적인 것이라고 할 수 있다. 이것은 마치 영문학을 하려면 영어를 잘하는 것이 기본이고, 동양 사상을 공부하려면 한문을 잘 익히는 것이 필수인 것과 마찬가지다.

뿐만 아니라 원어 공부는 자기 스스로 하나님의 말씀을 깨우쳐 가는 즐거움을 더해 준다. 목회자는 평생 남을 가르치고 지도하는데, 자기 스스로 말씀을 깨우치는 즐거움이 없다면 그 자신의 영혼은 얼마나 지치고 피곤하겠는가? 그러므로, 여러분들은 주위의 이런 저런 말들에 흔들리지 말고 원어를 잘 배워서 하나님의 말씀을 바로 전하고 가르치는 훌륭한 목회자가 되기를 기원한다. 21세기는 이처럼 하나님의 말씀에 잘 준비된 교역자를 원하며, 이런 준비된 교역자가 섬기는 교회가 성장할 것이다.

II. 헬라어를 효과적으로 공부하려면?

이 책은 헬라어를 공부하는 학생들이 꼭 알아야 할 사항들을 쉽게 찾아보고 익힐 수 있도록 헬라어 문법의 주요 내용을 요약 정리하고, 그것을 실제 강독에 어떻게 적용할 것인가를 보여 주기 위한 것이다. 따라서 이 책은 우선 헬라어 문법을 공부하면서 요점들을 익히고 암기하는 데 사용하면 유익할 것이다. 또한 헬라어 문법을 이미 공부한 사람이 나중에 그 주요 내용을 빠른 시간 안에 복습하거나 핵심 되는 내용을 찾아볼 목적으로 사용할 때에도 도움이 될 것이다. 나아가서 그 문법적 지식을 실제 성경 강독에 적용하는 법을 배우는 데에도 큰 도움이 될 것이다.

헬라어 공부에 있어서 기본이 되는 것은 <동사 변화>를 확실히 암기하는 것이다. 이것이 확실하지 않으면 모든 것이 제대로 안 된다. 이 책의

§8, §9에 정리해 놓았으니 이 변화는 어떤 일이 있어도 확실히 암기하도록 하자. 그다음에 중요한 것은 〈주요 동사의 기본형〉을 익히는 것이다. 실제로 강독할 때에 이것이 얼마나 긴요하게 사용되는지 모른다. 그런데도 메이천(Machen)의 책이나 한국의 문법책들이 이 기본형을 충분히 강조하고 있지 않다는 데 문제가 있다. 그래서 필자는 §16, §17에 〈주요 동사의 기본형〉을 정리해 놓았다. 이 중에서도 §15의 것은 사용 빈도가 아주 높은 것이니 꼭 암기하도록 하자. 〈기본형〉을 중심으로 공부하면 차차 복잡한 헬라어가 쉽고 분명하다는 것을 깨닫게 될 것이다.

그리고 제2부에는 〈헬라어 성경 강독〉을 덧붙여 놓았는데, 이것은 헬라어 문법을 원어 성경 강독에 실제로 어떻게 적용하는지를 보여 주기 위한 것이다. 어학에 별로 소질이 없거나 혹은 헬라어 공부에 실패한 사람이라도 용기를 얻을 수 있도록 최대한 쉽게 설명하고자 노력하였다. 원어 성경을 펴놓고 이 〈강독편〉을 차근차근히 따라 공부하면서 잊어버린 변화와 문법을 되새긴다면, 얼마 지나지 않아 헬라어 공부에 재미가 붙고 원어 성경이 조금씩 읽혀진다는 사실을 발견하게 될 것이다.

그리고 헬라어를 공부할 때에 꼭 피해야 할 것이 있다. 그것은 단어나 동사를 분해해 놓은 〈분해사전〉이나 〈인터리니어 성경〉이다. 이런 것들을 보게 되면, 문법이 어떻게 활용되는지에 대해 생각하는 훈련을 중지시키기 때문에 헬라어 공부에 아주 해롭다. 정말로 헬라어를 공부하기 원한다면 이런 것들은 사지도 말고 보지도 말아야 할 것이다.

III. 갖추어야 할 것들

대신에 헬라어를 제대로 공부하기 위해 신학대학원 학생이 갖추어야 할 것들이 있다. 우선 기본적인 교과서로는 J. Gresham Machen의 *New Testament Greek for Beginners* (Toronto: The Macmillan Company, 1923)가 전 세계적으로 많이 사용되고 있다. 우리나라에서도 이것을 편역한 책들이 많이 나와 있는데, 대표적인 것으로 박창환 역편, 『신약 성서 헬라어 교본』(개정신판, 서울:기독교서회, 2006)이 있다. 헬라어를 공부하는 학생들의 어려움을 덜어 주고자 필자가 펴낸 『헬라어 익힘 문제 풀이집』(서울: 개혁주의출판사, 2010)도 있다. 이 책은 메이천의 책(편역서들 포함)에 나오는 익힘 문제를 풀이한 것이다. 단순히 답만 적은 것이 아니라 문제와 관련된 문법 사항을 학생 입장에서 이해하기 쉽도록 자세히 설명한 것이어서 한국 신학생들에게는 큰 도움이 될 것이다.

그 외에 M. Zerwick의 *Biblical Greek* (English edition adapted from the fourth Latin edition by Joseph Smith, Rome, 1963)은 간결하고 정확할 뿐만 아니라, 헬라어의 진미를 깨닫게 해 주는 탁월한 교과서이다. 초급 문법을 마친 신학생은 이 책을 늘 휴대하면서 찾아보기 바란다. 그리고 M. Zerwick과 그의 조교였던 Mary Grosvenor가 공동으로 편찬한 *A Grammatical Analysis of the Greek New Testament* (Rome, 1981)를 갖추면 강독에 큰 도움이 된다. 이것은 보통의 분해사전과는 달리 문법적 설명이 곁들여진 것이며, 특히 관련되는 문법 사항에 대해서는 체르윅의 문법책의 위치를 지시해 주고 있기 때문에 강독 시에 큰 도움이 된다.

그리고 헬라어 문법을 좀 더 깊이 공부하기를 원하는 사람은 A.T.

Robertson의 *A Grammar of the Greek New Testament* (Nashville,⁴1923)와 Moulton-Turner의 *A Grammar of New Testament Greek* (3권)을 사용하기 바란다. 이것들은 헬라어 문법에 대한 깊이 있는 연구서들이다. 또 다른 깊이 있는 문법책으로는 하버드 대학 교수를 지낸 H. W. Smyth가 쓴 *Greek Grammar* (rev. by G. M. Messing, Harvard University Press, 1956)가 있다. 한편 독일의 Blass-Debrunner-Rehkopf의 *Griechische Grammatik* (Göttingen,¹⁶1984)은 비록 많은 자료들을 모아 놓기는 하였으나, 너무 복잡하고 나열식이라서 한국 신학생들에게는 추천하고 싶지 않다. 가끔 필요할 때 찾아보면 될 것이다. 그리고 화란어를 읽을 수 있는 학생에게는 간결하게 잘 정리되어 있는 *Kleine Griekse Grammatica* (J. Nuchelmans 편집,¹⁸1985)도 도움이 될 것이다.

원어 성경으로는 현재 Nestle-Aland 28판과 UBS 5판이 시중에 나와 있다. 사본학적으로 문제가 있기는 하지만 구하기 쉽기 때문에 이 중에 하나(또는 둘 다)를 갖추면 되는데, 헬라어 공부를 위해서는 활자가 크고 여백이 많은 UBS판이 추천할 만하다. 특히 사전이 붙어 있는 UBS 5판을 구하면 편리할 것이다.

모든 어학 공부에서와 마찬가지로 헬라어 공부에 있어서도 핵심 되는 것들을 확실하게 익히고 외우는 것이 중요하다. 따라서 주요 변화와 문법 사항에 대해서는 반복해서 찾아보고 익히도록 하자.

IV. 헬라어의 역사

헬라어는 '인도-게르만어군'에 속한다. 헬라어의 기원은 '원시 인도-게

르만어'에 있다. 그리고 헬라어는 인도-이란어, 아르메니아어, 프리기아어, 알바니아어, 발토-슬라브어와 함께 동방 언어군에 속한다. 서방 언어인 라틴어와 약간 일치하는 것이 있는데, 이것은 전에 많은 사람들이 생각했던 것처럼, 그 이전 단계에서 두 언어 사이에 밀접한 관계가 있어서가 아니라, 그 대부분이 독립적인 병행적(竝行的) 발전에 기인한다(cf. O. Hoffmann - A. Scherer, *Geschichte der griechische Sprache* I(Sammlung Göschen Band 111/111a), Berlin: W. de Gruyter, 1969, pp.6-9).

이 사실은 중요하다. 우리는 기본적으로 헬라어를 라틴어와 같은 서방 언어로 생각하고 접근하면 안 된다. 라틴어나 또는 그와 유사한 서구라파 언어의 문법 체계를 가지고 헬라어를 배우게 될 때 우리는 전혀 다른 언어 체계를 엉뚱한 잣대를 가지고 재는 오류를 범하게 된다. 그래서 헬라어를 차라리 히브리어와 같은 셈족어나 또는 산스크리트어와 같은 언어 체계로 생각하고 접근하는 것이 더 낫다.

헬라어의 역사는 크게 보아 다음 네 시대로 나누어 생각할 수 있다.

1. 고전 헬라어(Classical Greek, 주전 약 10세기경~주전 약 330년경)

고전 헬라어 시대에 여러 방언들이 있었는데 그중에서 중요한 것은 도릭(Doric)과 애올릭(Aeolic)과 이오닉(Ionic)이었다. 이 이오닉을 기초로 아테네에서 발전한 것이 Attic Greek이다. 이 애틱은 특히 산문(prose)에 있어서 크게 발달하였다. Platon, Thucydides, Xenophon, Demos- thenes 등 수많은 헬라 작가들의 언어가 여기에 속한다.

2. 코이네 헬라어(Hellenistic Greek, 주전 약 330년경~주후 약 500년경)

알렉산더 대왕(주전 336~323년)의 정복 활동으로 인해 과거의 페르시아 제국과 애굽을 포함하여 지중해 연안에 거대한 헬라 제국(Hellenistic Empire)이 건설되었다. 그는 피정복지의 곳곳에 헬라 도시를 건설하고 헬라 문화와 헬라어를 보급하였다. 이를 통하여 생겨난 헬라 제국 내의 문화를 원래의 마케도냐 반도의 헬라 문화와 구별하여 '헬레니즘'(Hellenism)이라고 부른다. 헬라 제국의 광대한 지역에서 여러 민족의 사람들이 헬라어를 사용하다 보니 헬라어에 중요한 변화가 일어났다(오늘날의 British English와 American English 사이의 관계를 생각해 볼 수 있으리라). 복잡하고 어려운 애틱 헬라어가 많이 단순화되면서 이오닉 방언의 영향이 가미되었으며, 또한 여러 외국어들의 영향을 받게 되었다. 그리하여 지중해 연안의 헬라 제국 어디에서도 헬라어는 쉽게 이해되고 사용되었다. 이런 현상은 로마가 헬라 제국을 정복하고 난 후에도 오랫동안 계속되었다. 그리하여 알렉산더 대왕의 헬라 제국 이후로 주후 약 500년까지 사용된 헬라어를 '헬레니스틱 헬라어'(Hellenistic Greek)라고 부르는데, 다르게는 '코이네 헬라어'(Koine Greek)라고도 부른다.

신약 성경이 바로 이 헬레니스틱 헬라어로 쓰여졌으며 초기 기독교 문헌과 이 시대의 수많은 작가들의 문헌이 이에 속한다. 헬레니스틱 헬라어에도 시대와 작가와 작품의 성격에 따라 그 특성이 조금씩 다르다. 신약 성경의 헬라어는 복잡한 수사학적 표현이 적고 단순하면서도 일반 대중들이 이해하기 쉬운 언어로 기록되었다. 그리고 팔레스타인의 유대인들에 의해 주로 기록되었기 때문에 히브리-아람어적 영향과 칠십인역

(Septuagint)의 영향이 많이 있다. 또한 신약 성경이 일반적인 세상의 내용이 아니라 복음의 진리를 전달하는 하나님의 말씀인 고로 거기에 합당하고 특별한 표현들도 가끔 나타나게 된다.

3. 중세 헬라어(Middle Age Greek, 약 500년경~1453년)

약 6세기 중반부터 오스만 터키에 의해 콘스탄티노플이 함락된 1453년까지 사용된 헬라어를 가리킨다.

4. 현대 헬라어(New Greek, 1453년~현재)

현재 그리스에서 사용하고 있는 현대 헬라어(Modern Greek 또는 New Greek)는 헬레니스틱 헬라어와 제법 다르다. 그러나 헬라어는 고대로부터 현재에 이르기까지 수천 년 동안 중단 없이 계속 사용되고 있는 언어이므로, 고대 헬라어의 음운 현상, 철자법의 변천, 문법 등을 연구하는 데 있어서 현대 헬라어는 상당한 도움을 줄 수 있다.

V. 헬라어 발음

오늘날 우리가 헬라어 발음을 정확하게 하는 것은 어려우며, 또한 필수적인 것은 아니라고 할 수 있다. 그렇지만 원래의 발음이 어떠했을 것인가를 어느 정도 알아 두는 것은 단어의 변화에 있어서 철자가 어떻게 변하는지를 이해하는 데 도움이 된다. 우리나라에서는 대개 영어식으로 발음하고 있는데, 아래에 주목해야 할 몇 가지 사항만 언급하고자 한다.

1. 단모음 중에서

η 에이. 살짝 굽이친다. "a" as in *late*.
ω 오우. 살짝 굽이친다. "o" as in *note*.

이 중에서 특히 η 발음을 정확하게 하는 것이 중요하다. 한국에서는 대개 장모음 '에-'로 발음하나, 그것은 부자연스러울 뿐 아니라 헬라어 철자법의 변천을 이해하는 데 도움이 되지 않는다. 예를 들어 η 다음의 ι는 대개 '요타 하기'(iota subscript)로 표기하게 되는데, 그 이유 중의 하나는 η 다음의 ι는 η 발음에 파묻혀 별도로 소리가 나지 않았기 때문이다.

어쨌든 G. Machen은 η 발음을 영어 late의 a처럼 하라고 하며(*New Testament Greek for Beginners*, p. 9), H. W. Smyth는 불어 fête의 ê처럼 발음하라고 한다(*Greek Grammar*, p. 7).

2. 이중 모음(diphthong)

이중 모음은 모음 두 개가 합쳐져서 한 모음처럼 나는 것을 말한다. 한 모음씩 각각 따로 발음하면 안 되고 한 모음인 것처럼 연이어서 발음한다. 따라서 이중 모음은 두 음절이 아니라 한 음절이다. 이중 모음은 물론 길다. 아래 괄호 안에 들어 있는 우리말 표기는 두 음절이므로 정확하지 않다는 것을 염두에 두어야 한다.

αι   ai (아이)

ει   ei (에이)

οι   oi (오이)

υι   ui (위)

αυ   au (아우)

ευ   eu (에우) ※ '에위' 또는 '에우'가 원칙이나 편의상 '유'로 많이 발음한다.

ου   u: (우-)

ηυ   ēü (에이위) ※ 매우 어려운 발음이다. 우선 η(에이)를 발음하고 나서 υ(위)를 연이어 발음한다.

ωυ   ōü (오우위) ※ ω를 먼저 발음하고 나서 연이어서 υ를 발음한다.

3. 자음 중에서

κ, π, τ   원래 발음은 '된소리'이다. 따라서 "ㄲ, ㅃ, ㄸ"로 발음하는 것이 더 좋으나, 우리나라에서는 영어의 영향을 받아 대개 "ㅋ, ㅍ, ㅌ"로 발음한다.

χ, φ, θ   원래는 '파열음 중 격음(激音)'으로 발음해야 옳다. 즉, 숨소리를 많이 넣어서 "ㅋ, ㅍ, ㅌ"(kh, ph, th)로 발음하는 것이 옳다. 그러나 우리나라에서는 편의상 영어식으로 발음하는 경우가 많다.

서론

ζ   발음 기호로는 [δζ]이다(Machen, p. 9). 후대에 [ζ]로 변하기도 했지만, 원래 발음에는 [δ]가 들어 있었다. 이 사실은 나중에 미래형에서 어간이 ζ로 끝나는 동사가 δ로 끝나는 동사와 마찬가지로 σ 앞에서 ζ가 탈락하는 현상을 이해하는 데 도움된다.

γ   γ, κ, χ, ξ 앞에 오는 γ는 ng[ŋ]으로 발음된다.

예) ἄγγελος 앙겔로스, ἀνάγκη 아낭케ᵢ, ἐγχρίω 엥크리오, φάραγξ 파랑크스

(위 발음 음역들 중 '크'와 '스'에서 '_'는 편의상 붙인 것이고 실제로는 발음하지 말아야 한다.)

VI. 숨표와 구두점 및 가름표

1. 숨표: 단어의 맨 처음에 오는 모음 위에 붙는 기호이다.

᾿ 연한 숨표(smooth breathing).
    모음을 발음할 때 숨을 부드럽게 내쉰다는 기호이다. 세종대왕이 창제한 훈민정음 중 초성에 오는 'ㅇ'과 음가가 비슷하다.
       ἐν 엔(안에), οὐ 우(아니)
῾ 거친 숨표(rough breathing).
    모음을 발음할 때 숨을 거칠게 내쉰다는 기호이다. 우리말의 'ㅎ', 영어의 "h"에 해당되는 음가이다.

ἑν 헨(하나), οὑ 후(관계 대명사)

2. 구두점

1) 콤마(,)와 마침표(.) - 영어의 그것들과 같다.
2) 콜론(:) - 영어의 세미콜론(;)과 비슷하다.
   콤마와 마침표의 중간쯤 되는 성격을 가지고 있는데, 앞 문장과 뒷 문장이 완전히 나뉘지 아니하고 내용상 서로 연결되어 있을 때 사용한다.
3) 물음표(;) - 영어의 물음표(?)에 해당한다.

※ 고대 헬라어 문헌에서는 구두점이 사용되지 않은 경우도 많다(특히 파피루스와 대문자 사본들). 이런 경우에 후대의 편집자들이 구두점을 보충해 넣는 경우가 많으니 주의를 요한다(특히 신학적 편견을 가지고 잘못 보충해 넣은 경우도 많다).

3. 가름표(diaeresis)

모음 위에 두 점을 찍은 기호(¨)를 말한다. 이것은 그 모음을 앞의 모음과 연결해서 이중 모음으로 읽지 말고 따로 떼어서 읽으라는 기호이다.

예) Μωϋσῆς 모우·위·세이스(모세), πρόϊμος 프로·이·모스(이른 비), προΐστημι 프로·이·스테이·미(지도하다).

VII. 악센트

헬라어에 있어서 악센트는 중요하다. 어떤 사람들은 헬라어 악센트는 배울 필요가 없다고 생각하거나 경시하지만, 헬라어는 원래 운율이 있는 음악적인 언어이다. 그래서 악센트를 살려서 읽어야만 헬라어답게 되고 헬라어 맛이 난다. 뿐만 아니라 악센트를 무시하면 단어들이 혼동되거나 잘못 이해될 수 있다. 예를 들어, 악센트가 없는 ὁ는 관사(남성 단수 주격, the)이지만, 악센트가 있는 ὅ는 관계 대명사(중성 단수 주격/대격, which/what)이다. 그리고 악센트 없는 τις는 '어떤 [사람]'(some, someone)이라는 부정(不定) 대명사이지만, 악센트가 있는 τίς는 '누구'(who)라는 뜻의 의문 대명사이다.

뿐만 아니라 악센트를 바로 알면 헬라어 문법 현상과 음운 현상을 이해하는 데 많은 도움이 된다. 악센트를 살려서 읽다 보면, 왜 그렇게 철자가 변하거나 탈락되는지 자연스럽게 이해할 수 있게 된다. 그래서 헬라어를 무조건 외워야만 하는 골치 아픈 언어가 아니라 운율이 있는 살아 있는 언어로 느낄 수 있게 된다. 따라서 처음에 조금 복잡할지라도 악센트를 잘 배워 두면 두고두고 큰 유익이 될 것이다.

1. 악센트의 종류

헬라어 악센트에는 세 종류가 있다.

1) **어큐트**(acute)〔´〕: 영어의 악센트와 같다고 생각하면 된다.

2) **그레이브**(grave)〔`〕: 단어의 마지막 음절에 오는 어큐트 악센트는 뒤에 다른 단어가 올 때 그레이브로 바뀐다.

※ 바뀌지 않는 경우도 있으나 그것은 아주 예외적인 경우에 국한된다.

3) **서컴플렉스**(circumflex)〔^〕: 발음이 굽이친다. 따라서 장모음 위에만 올 수 있다.

2. 예비적 지식

1) 각 음절들의 명칭

① **얼티마**(ultima): 제일 끝 음절(ultima는 '제일 끝'이란 뜻).
② **피널트**(penult): 얼티마 바로 앞의 음절(penult는 '거의 끝'이란 뜻).
③ **앤티피널트**(antepenult): 피널트 바로 앞의 음절(antepenult는 'penult 앞'이란 뜻).

2) **단어의 제일 끝에 오는 αι, οι는 악센트와 관련하여서는 짧은 것으로 간주한다**[단어가 αι, οι로 끝날 경우에만 그러하고, 그다음에 무슨 자음이나 글자가 오면 길다].

예) ἄνθρωποι와 ὧραι에서 제일 마지막의 οι와 αι는 짧은 것으로 간주한다. 그러나 ἀνθρώποις와 ὧραις에서 οι와 αι는 길다. 왜냐하면 그 뒤에 알파벳이 덧붙었기 때문이다.

3. 일반적 규칙

1) **가능한 범위**: 각 악센트는 다음 범위를 벗어날 수 없다.

　① 어큐트(´): 앤티피널트, 피널트, 얼티마에 올 수 있다.
　② 써컴플렉스(^): 피널트, 얼티마에 올 수 있다.
　③ 그레이브(`): 얼티마에만 올 수 있다.
　※ 이것은 위의 범위 중 아무 곳에나 악센트가 올 수 있다는 말이 아니라, 이 범위를 벗어날 수는 없다는 뜻이다. 예를 들어 어큐트 악센트의 경우 위 셋 중 어느 위치에 오게 될지는 각 단어에 따라 정해진 위치가 있으며 다른 곳에 오면 안 된다.

2) **서컴플렉스는 장모음에만 올 수 있다.**
　※ 서컴플레스는 원래 굽이치는 악센트이기 때문에 자연히 단모음에는 올 수 없고 장모음에만 올 수 있다.

3) **얼티마가 길 경우, 앤티피널트에는 악센트가 올 수 없다.**

　※ 얼티마가 길면 그 자체가 벌써 두 마디의 길이를 차지했다고 보면 된다. 그래서 악센트가 올 수 있는 최대한 먼 위치는 피널트이다. 그러나 얼티마가 짧으면 피널트가 길든지 짧든지 상관없이 최대한 앤티피널트에까지 악센트가 올 수 있다(물론 단어에 따라 피널트에 악센트가 오는 것도 있고 얼티마에 오는 것도 있다. 지금 우

리가 말하는 것은 원리상 최대한 어디까지 올 수 있느냐 하는 가능한 범위 문제이다).

4) 얼티마가 길 경우, 피널트에 오는 악센트는 어큐트이어야 한다.

    예) δούλου, δούλων, λύου, ἀνθρώποις 등.

5) 얼티마가 짧을 경우, 긴 피널트에 오는 악센트는 서컴플렉스이어야 한다.

    예) δοῦλος, δοῦλοι, οἶκος, δῶρον 등.

    ※ 피널트에 악센트가 와야 할 경우에 그렇다는 말이며, 악센트가 다른 곳에 올 경우에는 해당되지 않는다.
    예) ἄνθρωπος, αὐτός, αὐτό 등.

6) 동사의 악센트는 가능한 한 앞으로 온다(역행적 악센트).

    즉, 가능한 범위 내에서 제일 끝에서 멀리 오려고 한다.
    예) ἐλύομεν, ἐλυόμεθα, γινώσκω, ἐγίνωσκε 등.

7) 동사 외의 단어(명사, 형용사 등)의 악센트는 가능한 한 원래 위치를 유지하려고 한다.

예) ἄνθρωπος, ἀνθρώπου, ἀνθρώπῳ, ἄνθρωπον,
ἄνθρωποι, ἀνθρώπων, ἀνθρώποις, ἀνθρώπους

(악센트 법칙이나 다른 이유에 의해 불가불 악센트 위치를 이동해야 할 경우를 제외하고는 원래 위치를 유지하려고 한다.)

제1부
문법편

§1. 관사 변화

	〔단 수〕			〔복 수〕		
	남	여	중	남	여	중
주격	ὁ	ἡ	τό	οἱ	αἱ	τά
속격	τοῦ	τῆς	τοῦ	τῶν	τῶν	τῶν
여격	τῷ	τῇ	τῷ	τοῖς	ταῖς	τοῖς
대격	τόν	τήν	τό	τούς	τάς	τά

※ 관사 중 ὁ, ἡ, οἱ, αἱ는 악센트가 없으며, 뒤에 오는 단어와 밀접히 연결되어 발음된다. 이런 것을 '앞에서 붙는다'는 의미에서 '프로클리틱'(proclitic)이라고 한다. 한국의 문법책에서는 전에는 '전접어(前接語)'라고 했다가 지금은 '후접어(後接語)'라고 하는 등 혼란스러우므로, 본서에는 그냥 영어 그대로 음역해서 쓰기로 한다.

▶ 관사는 우선 〈단수〉부터 아래로 외우고 나서 〈복수〉를 아래로 외우는 것이 좋다. 그리고 난 후 다시금 옆으로도 외워 둘 필요가 있다. 이처럼 관사는 아래로, 옆으로 자유자재로 외워야만 된다. 예를 들어, 복수 대격 τούς, τάς, τά를 옆으로 외워 두면 다음에 큰 도움이 된다.

§2. 명사 변화

1. ἄνθρωπος, ὁ, 사람(a man)

ἄνθρωπος	ἄνθρωποι
ἀνθρώπου	ἀνθρώπων
ἀνθρώπῳ	ἀνθρώποις
ἄνθρωπον	ἀνθρώπους

호격) ἄνθρωπε

※ 그 외의 호격은 다 주격과 같다. 따라서 특별한 경우를 제외하고는 호격을 따로 외울 필요는 없다.

2. ὥρα, ἡ, 시간 (an hour)   δόξα, ἡ, 영광 (glory)

ὥρα	ὧραι	δόξα	δόξαι
ὥρας	ὡρῶν	δόξης	δοξῶν
ὥρᾳ	ὥραις	δόξῃ	δόξαις
ὥραν	ὥρας	δόξαν	δόξας

▶ 여성 명사 변화의 경우 복수 속격에서 악센트가 제일 끝으로 이동한 것을 알 수 있다. 이것이 여성 명사 변화의 특징이다.
▶ ὥρα의 경우 모음 α가 길다는 것을 알 수 있다. 만일 α가 짧다면 ω 위에 써컴플렉스가 왔을 것이다.

▶ α로 끝나는 단어의 경우 단수 속격과 여격에서
  1) ε, ι, ρ 다음에는 α 그대로 있으며,
  2) 그 외의 경우에는 η로 바뀐다.

※ 따라서 위 δόξα 변화의 경우 단수 속격과 여격에서 α가 η로 바뀌었다. 그것만 제외하면 ὥρα 변화와 동일하다. 따라서 여성 명사 변화는 ὥρα만 외우면 된다. δόξα 변화는 몇 번 읽어서 모음 변화만 주의하면 된다. 또한 γραφή 변화도 있는데(Machen, §56; 박창환, §52), 악센트 위치가 제일 끝에 온다는 것과 따라서 단수와 복수의 속격과 여격에 써컴플렉스 악센트가 온다는 것만 주의하면 되며, 따로 외울 필요는 없다.

3. δῶρον, τό, 선물 (a gift)

   δῶρον   δῶρα
   δώρου   δώρων
   δώρῳ   δώροις
   δῶρον   δῶρα

▶ 대격의 경우 주격과 대격은 똑같다. 즉, 대격은 주격과 같아지는 것을 알 수 있다. 이것은 단수나 복수에서 마찬가지이며, 중성 단어 전체에서 단 하나의 예외도 없다. 따라서 중성 단어의 변할 수 없는 특징은 주격과 대격이 같다는 사실이다.
▶ 위 δῶρον 변화 중 주격과 대격에서 δῶρα의 α는 짧다는 것을 알 수 있다.

§3. 형용사 변화

	〔단 수〕			〔복 수〕	
남	여	중	남	여	중
ἀγαθός	ἀγαθή	ἀγαθόν	ἀγαθοί	ἀγαθαί	ἀγαθά
ἀγαθοῦ	ἀγαθῆς	ἀγαθοῦ	ἀγαθῶν	ἀγαθῶν	ἀγαθῶν
ἀγαθῷ	ἀγαθῇ	ἀγαθῷ	ἀγαθοῖς	ἀγαθαῖς	ἀγαθοῖς
ἀγαθόν	ἀγαθήν	ἀγαθόν	ἀγαθούς	ἀγαθάς	ἀγαθά

▶ 형용사 변화는 남성의 경우 ἄνθρωπος 변화, 여성의 경우 ὥρα (γραφή) 변화, 중성의 경우 δῶρον 변화와 같거나 유사하다(악센트 종류와 위치만 다르다). 따라서 따로 외울 필요는 없으나 여러 번 읽고 적어 보아서 확실히 익히도록 하여야 한다.

§4. 형용사의 세 용법

형용사의 용법 세 가지는 대단히 중요하다. 확실하게 이해하고 익히도록 해야 한다.

1. 서술적 용법 (Predicate Use)

ὁ λόγος ἀγαθός
ὁ ἀγαθὸς ὁ λόγος   = 그 말씀은 좋다.

▶ 서술적 용법의 경우 형용사 앞에 관사가 없다는 것이 특징이다.
▶ 헬라어 문장에서 영어의 be 동사에 해당되는 동사가 사용되지 않는 경우가 많다. 그런 동사가 없어도 서술적으로 사용된 형용사만으로도 충분히 술어 역할을 할 수 있다.

2. 한정적 용법 (Attributive Use)

ὁ ἀγαθὸς λόγος
ὁ λόγος ὁ ἀγαθός   = (그) 좋은 말씀

▶ 한정적 용법의 경우 형용사 앞에 관사가 온다는 것이 특징이다. 관사가 형용사를 꿰매는 역할을 하여 그 뒤 또는 앞에 오는 명사를 한정(제한, 수식)하고 있다.

3. 명사적 용법 (Substantive Use)

ὁ ἀγαθός = (그) 좋은 사람(남자)

οἱ ἀγαθοί = (그) 좋은 사람들

※ 남성 복수의 경우는 대개 남녀 대표성으로 사용된다. 따라서 οἱ ἀγαθοί는 (그) 좋은 남자들이란 의미라기보다는 남녀 구별없이 그냥 '(그) 좋은 사람들'이란 의미로 많이 사용된다.

ἡ ἀγαθή = (그) 좋은 여자

αἱ ἀγαθαί = (그) 좋은 여자들

τὸ ἀγαθόν = (그) 좋은 것, 선(善)

τὰ ἀγαθά = (그) 좋은 것들

▶ 명사적 용법은 다르게는 독립적 용법이라고도 하며, 형용사 뒤에 명사가 없이 '… 하는 사람(남자, 여자)'의 의미로 사용된다.

※ 때로는 관사 없이 형용사만으로 명사적으로 사용되기도 한다.

예) οἱ δίκαιοι λέγουσιν ἀγαθά. 그 의로운 사람들이 선한 것들을 말한다(여기서 관사 없이 ἀγαθά만으로도 '선한 것들'이란 뜻이 된다.).

§5. 지시 대명사(Demonstrative Pronouns)

1. οὗτος, αὕτη, τοῦτο, 이 (this)

[단 수]			[복 수]		
남	여	중	남	여	중
οὗτος	αὕτη	τοῦτο	οὗτοι	αὗται	ταῦτα
τούτου	ταύτης	τούτου	τούτων	τούτων	τούτων
τούτῳ	ταύτῃ	τούτῳ	τούτοις	ταύταις	τούτοις
τοῦτον	ταύτην	τοῦτο	τούτους	ταύτας	ταῦτα

▶ 지시 대명사는 '이'(this), '저'(that)처럼 다른 것을 가리키는 것으로서 3인칭 인칭 대명사인 αὐτός(그)와 혼동하면 안 된다. 지시 대명사는 특히 단·복수 주격형을 악센트와 함께 확실히 외워 두어야 한다.

2. ἐκεῖνος, ἐκείνη, ἐκεῖνο, 저 (that)

▶ 성·수·격에 따른 변화는 형용사 변화에 준함.
▶ 중성 단수 주격/대격이 ἐκεῖνο인 것에 주의하라.

3. οὗτος, ἐκεῖνος의 용법

οὗτος ὁ λόγος   ἐκεῖνος ὁ λόγος
       = 이 말씀   = 저 말씀
ὁ λόγος οὗτος   ὁ λόγος ἐκεῖνος

※ οὗτος와 ἐκεῖνος는 독립적으로도 자주 사용된다.

οὗτος = 이 사람(남자)   οὗτοι = 이 사람들(남자들)

αὕτη = 이 여자   αὗται = 이 여자들

τοῦτο = 이것   ταῦτα = 이것들

§6. 인칭 대명사 (Personal Pronouns)

1. 1인칭 (나, 우리)   2. 2인칭 (너, 너희)

ἐγώ	ἡμεῖς	σύ	ὑμεῖς
ἐμοῦ, μου	ἡμῶν	σοῦ	ὑμῶν
ἐμοί, μοι	ἡμῖν	σοί	ὑμῖν
ἐμέ, με	ἡμᾶς	σέ	ὑμᾶς

◇ ἐμοῦ, ἐμοί, ἐμέ는 강조할 때 또는 전치사 뒤에 사용한다. 보통의 경우에는 악센트가 없는 μου, μοι, με를 사용한다.

3. 3인칭 (he, she, it, they)

남	여	중	남	여	중
αὐτός	αὐτή	αὐτό	αὐτοί	αὐταί	αὐτά
αὐτοῦ	αὐτῆς	αὐτοῦ	αὐτῶν	αὐτῶν	αὐτῶν
αὐτῷ	αὐτῇ	αὐτῷ	αὐτοῖς	αὐταῖς	αὐτοῖς
αὐτόν	αὐτήν	αὐτό	αὐτούς	αὐτάς	αὐτά

▶ 인칭 대명사의 주격형은 문장 속에서 잘 사용하지 않는다. 왜냐하면 동사의 어미를 보면 주어를 알 수 있기 때문이다.

4. 문장 속에서 주격형 인칭 대명사를 사용할 때에는 다음 두 가지 경우이다

1) 강조(emphasis): 주어를 특별히 강조할 때.
   예) Ἐγώ εἰμι ὁ ἀνάστασις καὶ ἡ ζωή. 내가 곧 부활이요 생명이다 (요 11:25).

2) 대비(contrast): 두 개 이상의 주어가 서로 대비될 때.
   예) ὁ νόμος πνευματικός ἐστιν, ἐγὼ δὲ σάρκινός εἰμι.
   율법은 신령하나 나는 육신적이로다(롬 7:14).

§7. αὐτός의 용법

1. 3인칭 인칭 대명사 (he, she, it, they)

예) βλέπω τὸν μαθητὴν καὶ διδάσκω αὐτόν. 나는 그 제자를 본다. 그리고 그를 가르친다.

▶가리키는 단어와 성·수가 일치해야 하며, 격은 문장 속에서의 역할에 의해 결정된다.

2. 강조 용법

① 명사 강조

αὐτὸς ὁ ἀπόστολος
ὁ ἀπόστολος αὐτός = 사도 **자신**

예) οὗτοι οἱ διδάσκαλοι κρίνουσιν αὐτὸν τὸν ἀπόστολον.
이 선생들이 사도 **자신**을 심판한다.

② **동사의 주어 강조**: 인칭 대명사 또는 동사의 숨은 주어를 강조한다.

αὐτὸς ἐγὼ λέγω
αὐτὸς λέγως
= 나 **자신**이 말한다.

예) αὐτὸς βαπτίζεις ἐκεῖνον καὶ εἶ ἀδελφὸς αὐτοῦ.
너 **자신**이 저 사람을 세례 준다. 그리고 너는 그의 형제이다.

3. 바로 그, 동일한 (the same …)

ὁ αὐτὸς ἀπόστολος
ὁ ἀπόστολος ὁ αὐτός
= 바로 그 사도

▶ αὐτός가 관사와 명사 사이에 끼어서 꼼짝 못한다. '바로 그'(the very), '동일한'(the same)이라는 의미를 가질 수밖에 없다.

예) νῦν λαμβάνω αὐτὸς τὸ αὐτὸ εὐαγγέλιον ἀπὸ τοῦ κυρίου μου. 지금 내 **자신**이 나의 주님으로부터 **바로 그** (= **동일한**) 복음을 받는다.

※ 위 αὐτός의 용법은 중요할 뿐만 아니라 혼동되기 쉬우므로 정확하게 알아 두어야 한다.

〈연습 문제〉 (Machen, 9과 §107)

1) αὕτη ἐστιν ἡ φωνὴ τοῦ κυρίου αὐτοῦ. 이것은 주님 **자신**의 음성이다. 여기서 αὐτοῦ는 '그의'(인칭 대명사)로 번역될 수도 있다.

▶ αὕτη는 지시 대명사로 '이것'이란 뜻.

2) λαμβάνομεν ταῦτα τὰ δῶρα ἀπὸ τοῦ αὐτοῦ καὶ βλέπομεν αὐτόν. 우리는 이 선물들을 **바로 그** 사람으로부터 취한다. 그리고 그를 본다. ἀπὸ τοῦ αὐτοῦ의 αὐτοῦ는 강조 용법(바로 그, 동일한)이며 제일 끝의 αὐτόν은 인칭 대명사이다. * ταῦτα는 지시 대명사.

§8. 헬라어 동사 변화(I)

1. 현재 능동태 직설법 (pres. act. ind.)

λύω   λύομεν
λύεις   λύετε
λύει   λύουσι(ν)

2. 미완료 능동태 직설법 (impf. act. ind.)

ἔλυον   ἐλύομεν
ἔλυες   ἐλύετε
ἔλυε(ν)   ἔλυον

3. 아오리스트 능동태 직설법 (aor. act. ind.)

ἔλυσα   ἐλύσαμεν
ἔλυσας   ἐλύσατε
ἔλυσε(ν)   ἔλυσαν

4. 완료 능동태 직설법 (pf. act. ind.)

λέλυκα   λελύκαμεν
λέλυκας   λελύκατε
λέλυκε(ν)   λελύκασι(ν) or λέλυκαν

5. 과거완료 능동태 직설법 (plpf. act. ind.)

ἐλελύκειν   ἐλελύκειμεν
ἐλελύκεις   ἐλελύκειτε
ἐλελύκει(ν)   ἐλελύκεισαν

▶ 과거완료 시상에서 접두 모음 ἐ 는 탈락할 수도 있다.
▶ 과거완료 시상의 어미 변화에는 조금 다른 형태도 있다.
▶ 미래 시상은 현재 시상의 어간과 어미 사이에 σ를 붙이면 된다.

§9. 헬라어 동사 변화(II)

1. 현재 중간태/수동태 직설법 (pres. mid./pass. ind.)

λύομαι   λυόμεθα
λύῃ   λύεσθε
λύεται   λύονται

2. 미완료 중간태/수동태 직설법 (impf. mid./pass. ind.)

ἐλυόμην   ἐλυόμεθα
ἐλύου   ἐλύεσθε
ἐλύετο   ἐλύοντο

3. 아오리스트 중간태 직설법 (aor. mid. ind.)

ἐλυσάμην   ἐλυσάμεθα
ἐλύσω   ἐλύσασθε
ἐλύσατο   ἐλύσαντο

4. 완료 중간태/수동태 직설법 (pf. mid./pass. ind.)

λέλυμαι   λελύμεθα
λέλυσαι   λέλυσθε
λέλυται   λέλυνται

5. 아오리스트 수동태 직설법 (aor. pass. ind.)

ἐλύθην   ἐλύθημεν
ἐλύθης   ἐλύθητε
ἐλύθη   ἐλύθησαν

6. 미래 수동태 직설법 (fut. pass. ind.)

λυθήσομαι   λυθησόμεθα
λυθήσῃ   λυθήσεσθε
λυθήσεται   λυθήσονται

§10. 디포넌트 동사 (Deponent Verbs)

원래 능동태형이 없고 중간태 또는 수동태 형태를 가지고 있으나 그 의미는 능동(또는 중간태)인 동사.

예) ἔρχομαι (가다, 오다), γίνομαι (되다), πορεύομαι (가다),
　　δέχομαι (영접하다), ἀποκρίνομαι (대답하다)

§11. 미완료형에서 접두 모음이 붙을 경우의 모음 변화

ἐ + ἐ → ἠ ;　 ἐγείρω → ἤγειρον

ἐ + ἀ → ἠ ;　 ἀκούω → ἤκουον

ἐ + αἰ → ἠ ;　 αἴρω → ἦρον

§12. 미래형에 있어서의 자음 변화

π, β, φ + σ → ψ ; πέμπω → πέμψω,　γράφω → γράψω

κ, γ, χ + σ → ξ ; ἄγω → ἄξω,　ἄρχω → ἄρξω

τ, δ, θ, ζ + σ → σ ; πείθω → πείσω,　βαπτίζω → βαπτίσω

§13. 아오리스트에서의 자음 변화

1) 능동태에서의 자음 변화는 미래형에서의 자음 변화와 원리가 같다.
2) 수동태에서의 자음 변화는 다음과 같다.

$$\pi, \beta \to \phi\ ;\quad πέμπω \to ἐπέμφθην$$
$$\kappa, \gamma \to \chi\ ;\quad ἄγω \to ἤχθην$$
$$\tau, \delta, \theta, \zeta \to \sigma\ ;\quad πείθω \to ἐπείσθην$$

※ θ는 원래 거친 숨소리가 들어 있는 자음이다. 따라서 θ의 숨소리의 영향으로 바로 앞에 오는 자음이 자연스럽게 변하게 된다.

3) θ가 탈락하는 경우: 이런 것을 제2 아오리스트 수동태라 부른다.

$$γράφω \to ἐγράφην$$
$$σπείρω \to ἐσπάρην$$

§14. 제2 아오리스트 (Second Aorist)

어떤 동사들은 아오리스트에서 줄기(어간)가 변한다. 이 경우엔 제1아오리스트 어미인 σα 계통을 붙이지 아니하고 미완료형 어미를 붙이게 되는데, 이런 것을 제2 아오리스트(second aorist)라 부른다. 요약하자면 제2 아오리스트란,

1) 아오리스트에서 **줄기**가 변한다.
2) **미완료형 어미**를 붙인다.

예) λαμβάνω → ἔλαβον
     ἔρχομαι → ἦλθον
     βάλλω → ἔβαλον
     λείπω → ἔλιπον

※ 따라서 이 경우에 아오리스트인지 미완료형인지를 구별하는 기준은 줄기가 변했는가, 변하지 않았는가에 달려 있다. 줄기가 변했다면 아오리스트이고, 줄기가 변하지 않았다면 미완료이다.

〈참고〉제2 아오리스트에서 줄기가 변했는데도 불구하고 미완료형 어미를 붙이지 아니하고 제1 아오리스트 어미인 σα, κα 또는 α 계통의 어미를 붙이는 경우도 있다(이 경우에도 줄기가 변했으므로 제2 아오리스트라 불린다. 그러나 어미 변화는 제1 아오리스트를 따른다).

예) ἵστημι → ἔστησα
     φέρω → ἤνεγκα
     μένω → ἔμεινα
     ἀποστέλλω → ἀπέστειλα

☞ 따라서 어떤 동사의 아오리스트가 제1 아오리스트냐 제2 아오리스트냐를 구별할 필요가 별로 없고, 다만 뒤에 나오는 주요 동사의 기본형을 잘 외우면 된다.

* 제2 아오리스트 ἔλαβον의 변화

ἔλαβον   ἐλάβομεν
ἔλαβες   ἐλάβετε
ἔλαβε(ν) ἔλαβον

* 제2 아오리스트 중간태에도 물론 미완료 중간태 어미가 붙는다.

ἐλαβόμην ἐλαβόμεθα
ἐλάβου   ἐλάβεσθε
ἐλάβετο   ἐλάβοντο

§ 15. εἰμί 동사 변화

1. 현재 직설법   2. 미완료 직설법   3. 미래 직설법

εἰμί   ἐσμέν   ἤμην ἦμεν   ἔσομαι ἐσόμεθα
εἶ   ἐστέ   ἦς   ἦτε   ἔσῃ   ἔσεσθε
ἐστί(ν) εἰσί(ν)   ἦν   ἦσαν   ἔσται   ἔσονται

4. 가정법		5. 희구법		6. 명령법	
ὦ	ὦμεν	εἴην	εἴημεν	⟨단수⟩	⟨복수⟩
ᾖς	ἦτε	εἴης	εἴητε	2. ἴσθι	ἔστε
ᾖ	ὦσι(ν)	εἴη	εἴησαν	3. ἔστω	ἔστωσαν

7. 부정사: εἶναι   8. 분사 기본형: ὤν οὖσα ὄν

* εἰμί 동사는 상태 동사이기 때문에 아오리스트형이 없다.

* εἰμί 동사의 보어는 주격형으로 온다.

* εἰμί의 현재 직설법 동사는 εἶ를 제외하고는 다 엔클리틱이다 (Machen, §92 참조).

§16. 주요 동사의 기본형(I)

〈현재〉	〈미래〉	〈아오리스트〉	〈완료〉	〈뜻〉
1. λέγω	ἐρῶ	εἶπον	εἴρηκα	말하다
2. ἔχω	ἕξω	ἔσχον	ἔσχηκα	가지고 있다
3. γίνομαι	γενήσομαι	ἐγενόμην	γέγονα	되다
4. ἔρχομαι	ἐλεύσομαι	ἦλθον	ἐλήλυθα	오다, 가다
5. ὁράω	ὄψομαι	εἶδον	ἑώρακα	보다
6. λαμβάνω	λήμψομαι	ἔλαβον	εἴληφα	취하다
7. γινώσκω	γνώσομαι	ἔγνων	ἔγνωκα	알다
8. ἄγω	ἄξω	ἤγαγον	ἦχα	인도하다
9. φέρω	οἴσω	ἤνεγκα	ἐνήνοχα	가지고가다, 참다
10. δίδωμι	δώσω	ἔδωκα	δέδωκα	주다
11. ἵστημι	στήσω	ἔστησα	ἕστηκα	세우다
12. τίθημι	θήσω	ἔθηκα	τέθεικα	두다
13. ἐγείρω	ἐγερῶ	ἤγειρα	ἐγήγερκα	일으키다
14. βάλλω	βαλῶ	ἔβαλον	βέβληκα	던지다
15. ἀποστέλλω	ἀποστελῶ	ἀπέστειλα	ἀπέσταλκα	파송하다
16. ἀναβαίνω	ἀναβήσομαι	ἀνέβην	ἀναβέβηκα	올라가다
17. μένω	μενῶ	ἔμεινα	μεμένηκα	머물다
18. κρίνω	κρινῶ	ἔκρινα	κέκρικα	판단하다
19. ἀποθνήσκω	ἀποθανοῦμαι	ἀπέθανον	τέθνηκα	죽다
20. ἀπόλλυμι	ἀπολοῦμαι	ἀπώλεσα	ἀπολώλεκα	멸망시키다
21. πίπτω	πεσοῦμαι	ἔπεσον	πέπτωκα	떨어지다
22. χαίρω	χαρήσομαι	ἐχάρην	κεχάρηκα	기뻐하다
23. πείθω	πείσω	ἔπεισα	πέπεικα	설득하다
			πέποιθα, πέπεισμαι	확신하다
24. ἁμαρτάνω	ἁμαρτήσομαι	ἥμαρτον	ἡμάρτηκα	범죄하다

§17. 주요 동사의 기본형(II)

〈현재〉	〈미래〉	〈아오리스트〉	〈완료〉	〈뜻〉
25. ἀφίημι	ἀφήσω	ἀφῆκα	ἀφεῖκα	가게 하다, 용서하다, 허락하다
26. εὑρίσκω	εὑρήσω	εὗρον	εὕρηκα	발견하다
27. ἐσθίω	φάγομαι	ἔφαγον	-	먹다
28. αἴρω	ἀρῶ	ἦρα	-	들어 올리다, 치우다
29. πίνω	πίομαι	ἔπιον	-	마시다
30. πάσχω	-	ἔπαθον	-	고난받다
31. ἐξαιρέω	ἐξελῶ	ἐξεῖλον	-	끄집어내다, 구원하다, 택하다
32. ζάω	ζήσω (ζήσομαι)	ἔζησα	-	살다
33. καλέω	καλῶ/καλέσω	ἐκάλεσα	κέκληκα	부르다
34. λείπω	λείψω	ἔλιπον	-	내버려 두다, 모자라다, 부족하다
35. μανθάνω	μανθήσομαι	ἔμαθον	-	배우다
36. ὄμνυμι	ὀμοῦμαι	ὤμοσα	-	맹세하다
37. τίκτω	τέξομαι	ἔτεκον	-	낳다, 생산하다
38. τρέχω	-	ἔδραμον	-	달리다
39. τυγχάνω	τεύξομαι	ἔτυχον	-	만나다
40. φαίνω	φανῶ	ἔφηνα		(타)비추다, 드러내다
φαίνομαι	φανήσομαι	ἐφάνην		(자)비춰다, 나타나다
41. φεύγω	φεύξομαι	ἔφυγον	πέφευγα	도망치다
42. ἐκχέω	ἐκχεῶ	ἐξέχεα	ἐκκέχυκα	부어 주다
43. ἀρέσκω	ἀρέσω	ἤρεσα	-	기쁘게 하다
44. τελέω	τελῶ	ἐτέλεσα	τετέλεκα	완성하다
45. δείκνυμι	δείξω	ἔδειξα	-	보여 주다

§18. 분사 변화

1. 현재 분사

1) 능동태

	남	여	중
단수	λύων	λύουσα	λῦον
	λύοντος	λυούσης	λύοντος
	λύοντι	λυούσῃ	λύοντι
	λύοντα	λύουσαν	λῦον
복수	λύοντες	λύουσαι	λύοντα
	λυόντων	λυουσῶν	λυόντων
	λύουσι(ν)	λυούσαις	λύουσι(ν)
	λύοντας	λυούσας	λύοντα

2) 중간태/수동태

λυόμενος λυομένη λυόμενον

2. 아오리스트 분사

1) 능동태

단수	λύσας	λύσασα	λῦσαν
	λύσαντος	λυσάσης	λύσαντος
	λύσαντι	λυσάσῃ	λύσαντι
	λύσαντα	λύσασαν	λῦσαν

복수	λύσαντες	λύσασαι	λύσαντα
	λυσάντων	λυσασῶν	λυσάντων
	λύσασι(ν)	λυσάσαις	λύσασι(ν)
	λύσαντας	λυσάσας	λύσαντα

2) 중간태

λυσάμενος λυσαμένη λυσάμενον

3) 수동태

λυθείς λυθεῖσα λυθέν

3. 완료 분사

1) 능동태

λελυκώς   λελυκυῖα   λελυκός

2) 중간태/수동태

λελυμένος   λελυμένη   λελυμένον

〈참고〉 남성과 중성에서 악센트가 피널트에 붙는다는 점이 특별하다. 즉, 현재 분사의 경우에 비해 한 음절씩 오른쪽으로 이동한다.

4. 제2 아오리스트 분사

아오리스트에서 줄기가 변하는 경우, 그 아오리스트의 줄기에 **현재** 분사의 어미를 붙이면 곧 그 아오리스트 분사가 된다.

예) ὁράω 의 아오리스트 분사는?

아오리스트 직설법 εἶδον에서 접두 모음과 어미를 떼고 난 줄기 ἰδ에 현재 분사의 어미를 갖다 붙이면 된다. 곧,

ἰδών   ἰδοῦσα   ἰδόν

(다만 악센트의 위치가 오른쪽으로 한 음절 이동한 것에 주의해야 한다.)

다른 중간태나 수동태에서도 마찬가지이다. 예를 들어 λαμβάνω의 아오리스트 중간태 또는 수동태 분사는 λαβόμενος, λαβομένη, λαβόμενον 이 된다.

〈참고〉 λαβόντες의 시상과 성·수·격 판별법

1) 자기가 외워서 알고 있는 동사의 기본형(§16, §17 참조) 중에서 가장 유사한 것을 떠올린다. → ἔλαβον (기본형 변화 중에서 세 번째 나온다. 즉, 아오리스트)

2) 이 단어에서 접두모음(ἐ)과 꼬리(ον)를 떼고 나면 줄기 λαβ이 남는다. 그런데 이 줄기는 분사 λαβόντες의 줄기와 일치한다. → 따라서 λαβόντες의 시상은 아오리스트이다.

3) 이 분사의 줄기 λαβ은 원형 λαμβάνω의 줄기와 비교해 볼 때 줄기가 변했으므로(λαμβαν → λαβ), 분사의 꼬리는 그냥 현재형 꼬리를 붙였다. 그런데 현재형 분사 꼬리 -οντες는(능동태) 남성 복수 주격형이다. 〈주의〉 그러나 시상은 앞의 판별법에 의해 아오리스트로 확정되어 있다.

* 따라서 λαβόντες는 아오리스트 능동태 분사 남성 복수 주격형임을 알 수 있다. 이상에서 우리는 주요 동사의 기본형을 잘 외우는 것이 중요함을 알 수 있다.

§19. 접두 모음의 탈락

접두 모음(augment)은 직설법 외에서는 모두 탈락된다. 즉, 접두 모음은 직설법에서만 존재하며 가정법, 희구법, 명령법, 분사, 부정사 등에서는 나타나지 않는다. 이 사실은 접두 모음 붙는 것이 부차적이며, 헬라어에 있어서 시제 개념은 2차적임을 시사해 주기도 한다.

§20. 분사의 용법

1. 서술적 용법 (Predicate Use)

분사 앞에 관사가 오지 않는다. 주문장의 어떤 부분(주어, 목적어 등)의 부대 상황을 설명한다. 분사와 성, 수, 격이 일치하는 주문장의 단어가 곧 그 분사의 의미상의 주어가 된다.

예 1) ὁ ἀπόστολος λέγων ταῦτα ἐν τῷ ἱερῷ βλέπει τὸν κύριον. 그 사도는, 성전 안에서 이것들을 말하면서(말할 때에), 주님을 본다.

2) βλέπομεν τὸν ἀπόστολον λέγοντα ταῦτα ἐν τῷ ἱερῷ.
그 사도가 성전 안에서 이것들을 말할 때에(말하는 동안에) 우리는 그 사도를 본다.

제1부 문법편

2. 한정적 용법 (Attributive Use)

분사 앞에 관사가 오며 그 앞에 있는 명사를 수식(한정)한다.

예 1) ὁ ἀπόστολος ὁ λέγων ταῦτα ἐν τῷ ἱερῷ βλέπει τὸν κύριον.
성전 안에서 이것들을 말하는 그 사도는 주님을 본다.

2) παρέλαβον τὸ δῶρον τὸ πεμφθὲν ἀφ' ὑμῶν. 나는(그들은) 너희들로부터 보내진 선물을 받았다.

3. 명사적 용법 (Substantive Use)

분사 앞에 관사가 온다. 그러나 한정하는 명사가 앞에 없고, 독립적으로 사용된다.

예 1) ὁ λέγων ταῦτα ἐν τῷ ἱερῷ βλέπει τὸν κύριον. 성전 안에서 이것들을 말하는 그 사람은 주님을 본다.

2) οἱ διδαχθέντες ὑπὸ τοῦ ἀποστόλου ἦλθον εἰς τὸν οἶκον. 그 사도에 의해 가르침을 받은 사람들이 집 안으로 갔다(왔다).

§21. 절대 속격 구문

분사 구문이 주문장과 독립적으로 사용될 때, 이를 '독립 분사 구문' 또는 '절대 속격 구문'(Genitive Absolute)이라 부른다. 이 구문은,

1) 분사 구문의 **주어**와 주문장의 **주어**가 서로 다른 경우에 사용된다.
2) 분사와 그 의미상의 주어는 **속격**으로 온다.

예 1) εἰπόντων ταῦτα τῶν ἀποστόλων οἱ μαθηταὶ ἀπῆλθον. 사도들이 이것들을 말했을 때, 그 제자들이 떠나갔다.

2) λέγοντος αὐτοῦ ταῦτα οἱ μαθηταὶ ἀπῆλθον. 그가 이것들을 말하는 동안에, 그 제자들은 떠나갔다.

3) τῶν μαθητῶν διδαχθέντων ὑπὸ τοῦ κυρίου ἐξῆλθον εἰς τὴν ἔρημον οἱ δοῦλοι. 제자들이 주님에 의하여 가르침을 받을 때에, 그 종들은 광야로 나갔다.

§22. 분사의 시상

1. **현재 분사(present participle)**: 지속적 또는 반복적 동작.

2. **아오리스트 분사(aorist participle)**: 단회적 또는 단호한 동작.

현재 분사의 시제는 주동사의 시제와 일치하고 아오리스트 분사는 주동사의 시제보다 한 시제 앞선다는 식의 설명은 옳지 않다. 그러한 설명은 영문법에 맞춰 설명한 것으로 헬라어의 시상을 바로 이해하지 못한 결과이다. 헬라어의 '시상'(aspect) 개념과 영어의 '시제'(tense) 개념은 서로 다른 범주인데도, 이 두 개를 서로 연결시켜 설명한 것은 Machen의 문법책의 큰 약점 중의 하나이다. 물론 그는 헬라어 시상의 기본 개념을 때로는 바르게 설명하고 있기도 하다(그의 책 Preface, viii과 §283, §299, §520 등). 그렇지만 현재 시상과 아오리스트를 '같은 시제'와 '한 단계 앞선 시제' 식으로 설명한 것(18과 §233; 19과 §254)과, 또한 몇몇 예외에도 불구하고 이 사실은 여전히 중요하다고 한 것(31과 §520)은 핵심을 빗나간 오류이다.

많은 사람들이 그러한 것처럼 '아오리스트'(aorist)를 '과거 시제'로 생각하고 있는 것이 근본적인 잘못이다. 아오리스트는 직설법 외에서는 '시제'의 개념을 가지고 있지 않다. 따라서 아오리스트를 '과거'로 번역하는 것 자체가 잘못이다. 생각해 보라. '과거 명령'이란 것이 말이 되는가? 아오리스트는 직설법을 제외한 모든 법에서 - 예를 들어 가정법, 희구법, 명령법, 부정사, 분사 등에서 - '시제'(時制, tense) 개념은 없고 오직 '시상'(時相, aspect, Aktionsart) 개념만 있다. '시제' 개념은 단지 직설법에서만 나타난다. 직설법에서도 사실은 '시제' 개념과 더불어 '시상' 개념이 여전히 중요하게 작용하고 있다(이 책의 뒷부분 「아오리스트의 용법」 참조). 아오리스트의 기본 개념은 과거가 아니라 '점 동작'(punctiliar action)이다(이 책의 뒷부분 「헬라어 동사의 기본 개념」 참조). 그런데도 불구하고 현금의 한국의 대부분의 헬라어 문법책들이 Machen의 오류를 그대로 답습하고 있는데, 이것은 시급히 시정되어야 할 문제이다.

§23. 주요 전치사

ἀντί	+ 속격	① 반대편에, 맞은편에(over against);
		② 에 대한 대가로(equivalence의 개념);
		③ 위하여, 대신하여(substitution의 개념)
ἀπό	+ 속격	로부터(from)
ἐκ(ἐξ)	+ 속격	① 밖으로, 로부터(out of);
		② 중에서(of, among)
πρό	+ 속격	앞에(before)
σύν	+ 여격	와 함께(with)
ἐν	+ 여격	① 안에(in); ② 가운데(among);
		③ 으로(with, 수단)
εἰς	+ 대격	① 안으로(into); ② (Hellenistic Greek)
		= ἐν
διά	+ 속격	을 통하여(through)
	+ 대격	때문에(on account of)
κατά	+ 속격	① 아래로(down from); ② 대항하여(against)
	+ 대격	① 에게 있는(concerning, pertaining to);
		② 을 따르면(according to)
μετά	+ 속격	와 함께(with)
	+ 대격	후에(after)
περί	+ 속격	에 대하여(about, concerning)
	+ 대격	의 주위에(around)

ὑπέρ	+ 속격	① 위에(above); ② 위하여(for), i) 의 유익을 위하여(for the good of), ii) 을 대신하여(in place of)
	+ 대격	① 위로(above); ② 을 넘는, 초과하는(above, exceeding)
ἐπί	+ 속격	① 위에(on); ② 의 때에, 의 통치 때에(on, under the rule of)
	+ 여격	① 위에(on); ② 에 근거하여(on the ground of); ③ 에 덧붙여서(in addition to)
	+ 대격	① 위로(on); ② 에 대하여(over); ③ 때에, 동안에(on, during)
παρά	+ 속격	로부터(from, from the side of))
	+ 여격	곁에(by, beside)
	+ 대격	① 을 따라서(along); ② 외에(besides)
πρός	+ 여격	에, 곁에(by)
	+ 대격	① 에게로(towards); ② 위하여(for); ③ 에 대하여; ④ 경에(시간);
ὑπό	+ 속격	① 아래로부터(from under); ② 에 의하여(by, 수동태에서)
	+ 여격	아래에(under), 의 발 아래에(under the foot of)
	+ 대격	아래에, 아래로(under)

§ 24. 가정법 (Subjunctive)

1. 가정법의 개념

1) Hermann은 가정법의 기본 개념을 '가능성'(Möglichkeit)으로 보았다. 그는 직설법의 기본 개념은 '현실성'(Wirklichkeit), 명령법은 '필요성'(Notwendigkeit), 가정법과 희구법은 '가능성'(Möglichkeit)으로 보았다.
2) 한편 A. T. Robertson은 가정법은 '의심'(doubt), '주저'(hesitation), '제안'(proposal), '금지'(prohibition), '예상'(anticipation), '기대'(expectation), '품고 있는 희망'(brooding hope), '명령적인 의지'(imperious will)를 나타낼 때 사용된다고 한다(p. 928).

〈요약〉 가정법은 가정, 잠재, 가능, 목적, 희망, 고려, 의심, 청원, 금지 등을 나타낼 때 사용된다. 기본 개념은 현실이 아닌 가정의 세계, 가능의 세계를 나타내는 것이다.

2. 가정법의 형태

1) 가정법에는 현재 가정법과 아오리스트 가정법 두 종류가 있다.
2) 가정법에서는 연결 모음 또는 인칭 모음이 길어진다.

예 ο → ω, ε → η

3) 아오리스트 능동태, 중간태에서는 어간과 인칭어미 사이에 σ가 붙고, 아오리스트 수동태에서는 θ가 붙는다.

4) 모든 시상에서 '제1 인칭 어미'(*primary* personal endings)를 붙인다(아오리스트에서도). 예를 들면 다음과 같다.

<현재 능동태 가정법>   <아오리스트 능동태 가정법>

λύω	λύωμεν	λύσω	λύσωμεν
λύῃς	λύητε	λύσῃς	λύσητε
λύῃ	λύωσι(ν)	λύσῃ	λύσωσι(ν)

<아오리스트 수동태 가정법>   * 제2 아오리스트의 경우

                                              (예: ὁράω의 경우)

λυθῶ	λυθῶμεν	ἴδω	ἴδωμεν
λυθῇς	λυθῆτε	ἴδῃς	ἴδητε
λυθῇ	λυθῶσι(ν)	ἴδῃ	ἴδωσι(ν)

§25. 가정법의 용법

1) 청원 (coniunctivus adhortativus)

   πιστεύσωμεν εἰς τὸν κύριον. 주님을 믿읍시다!

2) 금지 (coniunctivus prohibitivus)

   Μὴ σεαυτῷ πιστεύσῃς. 너 자신을 믿지 말라.

3) 주저, 의심, 고려 (coniunctivus dubitativus)

   Τί λέγωμεν; 우리가 무엇을 말할까?

   Παυσώμεθα ἢ μή; 우리가 그만둘까 말까?

   Τί φάγητε ἢ τί πίητε; 무엇을 먹을까 무엇을 마실까?(마 6:25)

   * 이것을 영어로는 Subjunctive of deliberation(고려의 가정법)
   이라고도 부른다.

4) 목적절에서 (in Purpose Clause)

   ⟨ἵνα + 가정법⟩ = 목적절

Ταῦτα γέγραπται ἵνα πιστεύσητε ὅτι Ἰησοῦς ἐστιν ὁ Χριστὸς ὁ υἱὸς τοῦ θεοῦ. 예수께서 하나님의 아들 그리스도이심을 너희가 믿도록 하기 위해 이것들이 기록되었다(요 20:31).

5) 조건절에서 (in Conditional Clause)

⟨ἐάν + 가정법⟩ = 조건절

Ἐὰν ὑμεῖς μείνητε ἐν τῷ λόγῳ τῷ ἐμῷ, ἀληθῶς μαθηταί μού ἐστε.
만일 너희가 내 말에 거하면, 참으로 너희가 내 제자가 되리라(요 8:31).

§ 26. 부정사 (Infinitive)

⟨현재⟩　　　　⟨아오리스트⟩　　　　⟨완료⟩

능) λύειν　　　　능) λῦσαι　　　　능) λελυκέναι

중/수) λύεσθαι　　중) λύσασθαι　　중/수) λελύσθαι

　　　　　　　　수) λυθῆναι

* 제2 아오리스트의 경우 (예: λείπω 동사)

현재 능동태 부정사 = λείπειν

아오리스트 능동태 부정사 = λιπεῖν (악센트의 변화에 주의)

* εἰμί 동사의 부정사: εἶναι

§27. 부정사와 전치사의 결합

μετὰ τό	+ 부정사	… 한 후에
πρὸ τοῦ	+ 부정사	… 하기 전에
διὰ τό	+ 부정사	… 한 때문에
ἐν τῷ	+ 부정사	… 하는 동안에
εἰς τό	+ 부정사	… 하기 위하여
πρὸς τό	+ 부정사	… 하기 위하여

§28. τοῦ + 부정사: …하기 위하여(목적)

예 μέλλει γὰρ Ἡρῴδης ζητεῖν τὸ παιδίον τοῦ ἀπολέσαι αὐτό. 이는 헤롯이 그[= 아기]를 죽이려고 그 아기를 찾으려 함이라(마 2:13).

※ τοῦ 없이 부정사만으로도 목적을 나타낼 수 있다.

예 οὐκ ἦλθον καταλῦσαι ἀλλὰ πληρῶσαι. 나는 폐하러 온 것이 아니라 완성하기 위해 왔다(마 5:17).

〈참고〉'목적'을 나타내는 부정사는 때로는 '결과'의 의미를 나타낼 수도 있다 (일반적으로 헬라어에서 '목적'과 '결과'는 밀접한 관계를 가지고 있다).

예 ἐὰν δὲ ἀποθάνῃ ὁ ἀνήρ, ἐλευθέρα ἐστὶν ἀπὸ τοῦ νόμου, τοῦ μὴ

εἶναι αὐτὴν μοιχαλίδα γενομένην ἀνδρὶ ἑτέρῳ.
남편이 죽으면, 그 여자는 법에서 벗어나 자유롭다. 그래서 그녀가 다른 남자에게 갈지라도(갈 때에) 그녀는 음부가 되지 않는다(롬 7:3).

§ 29. 부정사의 의미상의 주어

부정사의 의미상의 주어는 '대격'(accusative)으로 온다.

예 ταῦτα δὲ εἶπον ὑμῖν εἰς τὸ μὴ γενέσθαι ὑμᾶς δούλους τῆς ἁμαρτίας. 너희가 죄의 종들이 되지 않기 위하여 내가 너희들에게 이것들을 말하였다(여기서 ὑμᾶς는 대격이지만 부정사 γενέσθαι의 의미상의 주어이므로 '너희가'로 번역되었다).

§ 30. 축약 동사 (Contract Verbs)

1) 동사의 끝이 -αω, -εω, -οω 로 끝나는 동사를 '축약 동사' 또는 '단축 동사'라고 부른다.

예 τιμάω, φιλέω, δηλόω

2) 축약 동사의 변화는 일일이 외우기보다 필요할 때마다 변화표를 찾아 보고 익히는 것이 낫다(cf. Machen, §590-§592). 그러나 모음과

모음의 만남에 의해 모음이 다음과 같이 축약되고 그 모음 위에 써 컴플렉스 악센트가 오는 것에 주의해야 한다.

ϵ + ϵ → ει

ο + ο, ϵ + ο, ο + ϵ → ου

α + ω, ϵ + ω → ω

예 τιμάω → τιμῶ, τιμάεις → τιμᾷς, τιμαει → τιμᾷ 등.

3) 미래와 아오리스트에서 시상 접미어 앞의 모음은 다음과 같이 길어진다.

α, ϵ → η ; ο → ω

예 [τιμάω] τιμῶ - τιμήσω - ἐτίμησα
[φιλέω] φιλῶ - φιλήσω - ἐφίλησα
[δηλόω] δηλῶ - δηλώσω - ἐδήλωσα

§ 31. 유음 동사 (Liquid Verbs)

1) 어간이 λ, μ, ν, ρ 로 끝나는 동사를 '유음 동사'(liquid verbs)라고 부른다.

예 στέλλω, ἵστημι, μένω, ἐγείρω 등.

2) 유음 동사의 변화에 대해서는 너무 신경 쓸 것 없이 주요 동사의 기본형을 잘 외우면 된다 (악센트와 연결 모음에 주의).

예 στέλλω - στελῶ - ἔστειλα - ἔσταλκα
　　μένω - μενῶ - ἔμεινα - μεμένηκα
　　κρίνω - κρινῶ - ἔκρινα - κέκρικα
　　ἐγείρω - ἐγερῶ - ἤγειρα - ἐγήγερκα
　　ἀποστέλλω - ἀποστελῶ - ἀπέστειλα - ἀπέσταλκα

§32. 재귀 대명사 (Reflexive Pronouns)

　　ἐμαυτοῦ, ῆς, 나 자신의
　　σεαυτοῦ, ῆς, 너 자신의
　　ἑαυτοῦ, ῆς, οῦ, 그 자신의
　　ἑαυτῶν, ἑαυτῶν, ἑαυτῶν; 그들(우리, 너희) 자신의

*ἑαυτῶν은 원래 3인칭 복수 재귀 대명사였으나 1, 2인칭 복수에도 함께 사용되게 되었다.

예 ἡμεῖς καὶ αὐτοὶ ἐν ἑαυτοῖς στενάζομεν. 우리 자신도 **우리 자신** 안에서 탄식한다.

§33. 상호 대명사 (Reciprocal Pronouns)

ἀλλήλων, 서로서로의; ἀλλήλοις, 서로서로에게; ἀλλήλους, 서로서로를

예 βλέπουσιν ἀλλήλους. 그들은 서로서로를 본다.

§34. 명사 변화 보충

χάρις, πόλις, γένος, βασιλεύς, πατήρ와 ἀνήρ, νύξ, ἐλπίς, ὄνομα, χείρ 등은 필요할 때마다 찾아보고 익히도록 하자.

1. χάρις, χάριτος, ἡ, 은혜

χάρις	χάριτες
χάριτος	χαρίτων
χάριτι	χάρισι(ν)
χάριν	χάριτας

2. πόλις, πόλεως, ἡ, 도시

πόλις	πόλεις
πόλεως	πόλεων
πόλει	πόλεσι(ν)
πόλιν	πόλεις

3. γένος, γένους, τό, 종족

γένος	γένη
γένους	γενῶν
γένει	γένεσι(ν)
γένος	γένη

4. βασιλεύς, βασιλέως, ὁ, 왕

βασιλεύς	βασιλεῖς
βασιλέως	βασιλέων
βασιλεῖ	βασιλεῦσι(ν)
βασιλέα	βασιλεῖς

5. πατήρ, πατρός, ὁ, 아버지　　6. ἀνήρ, ἀνδρός, ὁ, 남자, 남편

πατήρ	πατέρες	ἀνήρ	ἄνδρες
πατρός	πατέρων	ἀνδρός	ἀνδρῶν
πατρί	πατράσι(ν)	ἀνδρί	ἀνδράσι(ν)
πατέρα	πατέρας	ἄνδρα	ἄνδρας

호) πάτερ

7. νύξ, νυκτός, ἡ, 밤　　8. ἐλπίς, ἐλπίδος, ἡ, 소망

νύξ	νύκτες	ἐλπίς	ἐλπίδες
νυκτός	νυκτῶν	ἐλπίδος	ἐλπίδων
νυκτί	νυξί(ν)	ἐλπίδι	ἐλπίσι(ν)
νύκτα	νύκτας	ἐλπίδα	ἐλπίδας

9. ὄνομα, ὀνόματος, τό, 이름　　10. χείρ, χειρός, ἡ, 손

ὄνομα	ὀνόματα	χείρ	χεῖρες
ὀνόματος	ὀνομάτων	χειρός	χειρῶν
ὀνόματι	ὀνόμασι(ν)	χειρί	χερσί(ν)
ὄνομα	ὀνόματα	χεῖρα	χεῖρας

§35. 형용사 변화 보충

ἀληθής, ἀληθές; πᾶς, πᾶσα, πᾶν; πολύς, πολλή, πολύ;
μέγας, μεγάλη, μέγα 등은 필요할 때마다 찾아보고 익히도록 하자.

1. ἀληθής, ἀληθές, 참된(true)

〔단 수〕		〔복 수〕	
남/여	중	남/여	중
ἀληθής	ἀληθές	ἀληθεῖς	ἀληθῆ
ἀληθοῦς	ἀληθοῦς	ἀληθῶν	ἀληθῶν
ἀληθεῖ	ἀληθεῖ	ἀληθέσι(ν)	ἀληθέσι(ν)
ἀληθῆ	ἀληθές	ἀληθεῖς	ἀληθῆ

2. πᾶς, πᾶσα, πᾶν, 모든(all)

πᾶς	πᾶσα	πᾶν	πάντες	πᾶσαι	πάντα
παντός	πάσης	παντός	πάντων	πασῶν	πάντων
παντί	πάσῃ	παντί	πᾶσι(ν)	πάσαις	πᾶσι(ν)
πάντα	πᾶσαν	πᾶν	πάντας	πάσας	πάντα

제1부 문법편

3. πολύς, πολλη, πολύ, 많은(much, many)

πολύς	πολλή	πολύ	πολλοί	πολλαί	πολλά
πολλοῦ	πολλῆς	πολλοῦ	πολλῶν	πολλῶν	πολλῶν
πολλῷ	πολλῇ	πολλῷ	πολλοῖς	πολλαῖς	πολλοῖς
πολύν	πολλήν	πολύ	πολλούς	πολλάς	πολλά

4. μέγας, μεγάλη, μεγάλου, 큰(big, great)

μέγας	μεγάλη	μέγα	μεγάλοι	μεγάλαι	μεγάλα
μεγάλου	μεγάλης	μεγάλου	μεγάλων	μεγάλων	μεγάλων
μεγάλῳ	μεγάλη	μεγάλῳ	μεγάλοις	μεγάλαις	μεγάλοις
μέγαν	μεγάλην	μέγα	μεγάλους	μεγάλας	μεγάλα

§36. 수사 (Numerals)

1. εἷς, μία, ἕν, 하나 (one)

남	여	중
εἷς	μία	ἕν
ἑνός	μιᾶς	ἑνός
ἑνί	μιᾷ	ἑνί
ἕνα	μίαν	ἕν

2. οὐδείς, οὐδεμία, οὐδέν, no one, nothing
    μηδείς, μηδεμία, μηδέν, no one, nothing

3. 기타 수사는 Machen, §373-§375 및 §588 참조.

§ 37. 의문 대명사 (Interrogative Pronouns)

τίς, τί, who, which, what

(항상 악센트가 있으며 앞에 온다.)

남/여	중	남/여	중
τίς	τί	τίνες	τίνα
τίνος	τίνος	τίνων	τίνων
τίνι	τίνι	τίσι(ν)	τίσι(ν)
τίνα	τί	τίνας	τίνα

§ 38. 부정 대명사 (Indefinite Pronouns)

τις, τι, someone, something (enclitic으로 원칙적으로 악센트가 없다. 단수 주격과 중성 단수 대격에는 항상 악센트가 없으며, 그 외에 악센트가 올 경우에는 뒷 음절에 온다.)

남/여	중	남/여	중
τις	τι	τινές	τινά
τινός	τινός	τινῶν	τινῶν
τινί	τινί	τισί(ν)	τισί(ν)
τινά	τι	τινάς	τινά

§39. 관계 대명사 (Relative Pronouns)

〔단 수〕			〔복 수〕		
남	여	중	남	여	중
ὅς	ἥ	ὅ	οἵ	αἵ	ἅ
οὗ	ἧς	οὗ	ὧν	ὧν	ὧν
ᾧ	ᾗ	ᾧ	οἷς	αἷς	οἷς
ὅν	ἥν	ὅ	οὕς	ἅς	ἅ

예 1) ὁ ἀπόστολος ὃν εἶδες ἀπῆλθεν. 네가 본 그 사도는 떠나갔다 (ὅν은 대격으로 εἶδες의 목적어).

2) πάντων δὲ θαυμαζόντων ἐπὶ πᾶσιν οἷς ἐποίει εἶπον πρὸς τοὺς μαθητὰς αὐτοῦ. 모든 사람들이 그가 행하고 있었던 모든 것들에 대하여 놀라워하고 있을 때에, 그들은/나는 그의 제자들에게 말하였다

▶ 절대 속격 구문. οἷς는 ἐποίει의 목적어로서 대격이 와야 하나 앞의 선행사가 πᾶσιν으로 여겨지기 때문에 그 선행사의 격에 동화되어 즉, 견인되어 여격이 되고 말았다.

〈참고〉견인(牽引, attraction) 현상은 Hellenistic Greek에서는 Classical Greek에서와 마찬가지로 아주 일반적이다(Zerwick, §16). 견인 현상은 선행사가 속격 또는 여격일 때에 일어난다.

예 ἥξει ὁ κύριος τοῦ δούλου ἐκείνου ἐν ἡμέρᾳ ᾗ οὐ προσδοκᾷ καὶ ἐν ὥρᾳ ᾗ οὐ γινώσκει. 저 종의 주께서 그가 생각지 않은 날, 알지 못하는 시간에 오실 것이다(마 24:50).

§40. ὅς ⋯ ἄν(ἐάν) + 가정법: ⋯ 하는 자는 누구든지(whosoever)

* Hellenistic Greek에서는 종종 ἄν 대신 ἐάν이 온다(Zerwick, §335)

예 1) ὃς γὰρ ἐὰν θέλῃ τὴν ψυχὴν αὐτοῦ σῶσαι οὐ σώσει αὐτήν. 누구든지 자기 목숨을 구원하려고 하는 자는 그것[=목숨]을 구원하지 못할 것이다.

2) ὃς ἂν πιστεύσῃ σωθήσεται. 누구든지 믿는 자는 구원받을 것이다.

3) εἰς ἣν δ᾽ ἂν πόλιν εἰσέλθητε ὄψεσθε ἐν αὐτῇ μαθητάς. 너희가 어느 도시에 들어가든지 간에 (너희는) 그 안에서 제자들을 볼 것이다.

〈연습 문제〉 (Machen, 27과 §402)

1) ὃς ἐὰν μὴ δέξηται ὑμᾶς τοῦτον οὐ δέξεται ὁ βασιλεύς. 누구든지 너희를 영접하지 않는 자는 왕이 그[이]를 영접하지 않을 것이다.

2) ἃ ἐὰν ποιήσωμεν ὑμῖν, ποιήσετε καὶ ὑμεῖς ἡμῖν. 우리가 너희에게 무엇을 행하든지 간에 그것들을 너희도 우리에게 행할 것이다.

3) ἐρωτήσαντός τινος αὐτοὺς τί φάγῃ ἀπεκρίθησαν αὐτῷ λέγοντες ὅτι δεῖ αὐτὸν φαγεῖν τὸν ἄρτον τὸν ἐν τῷ οἴκῳ. 어떤 사람이 그들에게 그가 무엇을 먹어야 하는가라고 물었을 때, 그들이 그에게 대답하여 이르기를, 그는 집에 있는 그 빵을 먹어야 한다고 말하였다.

※ φάγῃ는 ἐσθίω(먹다)의 아오리스트인 ἔφαγον에서 온 아오리스트 능동태 가정법 3인칭 단수.

§41. 명령법 (Imperative)

1. 현재 능동태 명령법

단수 2. λῦε   복수 2. λύετε
      3. λυέτω   3. λυέτωσαν

2. 현재 중간태/수동태 명령법

단수 2. λύου   복수 2. λύεσθε
      3. λυέσθω   3. λυέσθωσαν

3. 아오리스트 능동태 명령법

단수 2. λῦσον   복수 2. λύσατε
      3. λυσάτω   3. λυσάτωσαν

4. 아오리스트 중간태 명령법

단수 2. λῦσαι   복수 2. λύσασθε
      3. λυσάσθω   3. λυσάσθωσαν

5. 아오리스트 수동태 명령법

단수 2. λύθητι   복수 2. λύθητε
      3. λυθήτω   3. λυθήτωσαν

6. 완료 능동태 명령법

단수 2. λέλυκε   복수 2. λελύκετε
      3. λελυκέτω   3. λελυκέτωσαν

§42. 금지 (Prohibition)

☞ Zerwick, §246, §254.

⟨μή + 현재 명령법⟩ = 지속적 동작 또는 그런 유(類)의 동작을 하지 말라.

(마 6:25) μὴ μεριμνᾶτε. 염려하지 말라(따라야 할 일반적인 원칙, 또는 그런 類의 동작 → 현재).

⟨μή + 아오리스트 가정법⟩ = 단호한 금지 또는 구체적 상황에서의 금지.

(마 6:34) μὴ μεριμνήσητε εἰς τὸν αὔριον. 내일을 위하여 염려하지 말라(염려하는 일을 단호히 그만 두라, 결코 하지 말라. → 아오리스트)

§43. 형용사의 비교급과 최상급

1) 비교급: -τερος, α, ον 또는 -ιων, -ιων, -ιον. 그러나 불규칙도 많다.
2) 최상급: -τατος, η, ον 또는 -ιστος, η, ον. 그러나 불규칙도 많다.

⟨불규칙 변화의 예⟩ μικρός(작은) - ἐλάσσων(더 작은) - ἐλάχιστος (제일 작은, 아주 작은)

※ 종종 비교급은 μᾶλλον(more)에 의해, 최상급은 μάλιστα(the most)에 의해

표현되기도 한다.

예 μᾶλλον σοφός, 더 지혜로운; μάλιστα σοφός, 가장(아주) 지혜로운

※ μείζων, ον (μέγας의 비교급)의 격변화도 눈여겨볼 필요가 있다.

	〔단 수〕		〔복 수〕
남/여	중	남/여	중
μείζων	μεῖζον	μείζονες	μείζονα
μείζονος	μείζονος	μειζόνων	μειζόνων
μείζονι	μείζονι	μείζοσι(ν)	μείζοσι(ν)
μείζονα	μεῖζον	μείζονας	μείζονα

〈참고〉 단수 남/여 대격과 복수 중성 주격, 대격의 μείζονα 대신에 μείζω가 사용되기도 한다. 또한 복수 남/여 주격의 μείζονες와 대격의 μείζονας 대신에 μείζους가 사용되기도 한다.

§44. 부사

형용사에서 형성되는 부사의 경우 그 형용사의 남성 복수 속격형에서 -ων을 떼고 -ως를 붙인다.

형용사 καλός, 좋은   남·복·속 καλῶν → 부사   καλῶς

σοφός, 지혜로운   σοφῶν   σοφῶς

πᾶς, 모든   πάντων   πάντως

ὀξύς, 날카로운   ὀξέων   ὀξέως

때로는 형용사의 중성 단수 대격이 부사로 사용되기도 한다.

형용사 πολύς, 많은   중·단·대 πολύ → 부사   πολυν

μικρός, 작은   μικρόν →   μικρόν

* 부사의 **비교급**으로는 형용사의 비교급의 중성 단수 대격이 사용된다.

* 부사의 **최상급**으로는 형용사의 최상급의 중성 복수 대격이 사용된다.

§45. 계류 주격(Pendent Nominative)

문장 속의 한 부분에 들어가야 할 것을 문장의 서두에 주격으로 미리 말해 두고서 문장 속에서는 대명사로 받을 때, 미리 앞에 오는 주격을 '계류 주격'(pendent nominative, *nominativus pendens*) 또는 '절대 주격'(absolute nominative, *nominativus absolutus*)이라고 부른다 (Zerwick, §25).

예 1) (행 7:40) ὁ Μωϋσῆς οὗτος … οὐκ οἴδαμεν τί ἐγένετο αὐτῷ(이 모세는 … 그에게 무슨 일이 일어났는지 우리는 알지 못하노라).

문장 속의 '그에게'(αὐτῷ) 자리에 여격으로 와야 할 것이 문장의 서두에 주격으로 왔다. 따라서 '이 모세는'(ὁ Μωϋσῆς οὗτος)이라는 것은 문장 속에서 주어 역할을 하는 것이 아니라, 임시적으로 그냥 '계류되어'(pendent) 있다. 그래서 문장 속에서 그것을 받는 대명사에 의해 문장 속에서의 기능이 확정된다.

우리말에도 이와 비슷한 어법이 있다. 예를 들어 "운동장에서 놀고 있는 저 애는요, 아버지가 그에게 축구공을 사 줬대요."라는 구어체 문장에서 제일 앞에 나오는 "운동장에서 놀고 있는 저 애는"이란 주격구는 이 문장에서 주어 역할을 하는 것이 아니라, 임시로 미리 말해 두었다가 그 다음에 나오는 인칭 대명사인 '그에게'에 의해 되받아지고 있다. 따라서 이 경우의 "운동장에서 놀고 있는 저 애는요"는 헬라어의 '계류 주격'에 해당한다고 볼 수 있다. 그래서 이 경우의 주격구는 "운동장에서 놀고 있는 저 애에 대해 말하자면"(*with regard to* the boy playing in the ground)의 의미를 띠게 된다. 또 다른 예를 들어 보면, "새는 날개가 둘이다."라는 문장을 전에는 국어학자들이 이렇게 설명했다. '새는'은 문장 전체의 주어로, '날개가 둘이다'는 전체 문장의 술어로, 그리고 '날개가'는 술어 안의 주어로, '둘이다'는 술어 안의 술어로 설명했다. 그러나 이러한 복잡한 설명보다는 다음과 같은 간단한 설명이 가능하다. 곧 앞에 나오는 '새는'을 '계류 주격'으로 보는 것이다. 즉, "새에 대해 말하자면, (그) 날개가 둘이다."라는 의미로 볼 수도 있는 것이다. 이것은 오늘날 서울 사람들이 일상 구어체에서 많이 사용하고 있는 "…는요" 또는 "…있잖아요."라는 어법과 일맥상통한다고 할 수 있다.

예 2) (계 2:26) ὁ νικῶν καὶ ὁ τηρῶν ⋯ τὰ ἔργα μου ⋯ δώσω αὐτῷ ἐξουσίαν(이기는 자와 ⋯ 내 일을 지키는 자, 그에게 ⋯ 권세를 주리니). 여기서는 ὁ νικῶν καὶ ὁ τηρῶν ⋯ τὰ ἔργα μου가 αὐτῷ에 되받아지고 있다.

§46. 비교의 속격 (Genitive of Comparison)

비교되는 대상은 1) 속격으로 오든지, 또는 2) ἤ 다음에, 앞에 있는 비교하는 단어와 같은 격으로 온다.

예 1) μείζονα τούτων ποιήσει. 그는 이것들보다 더 큰 것들을 행할 것이다.

2) ἠγάπησαν οἱ ἄνθρωποι μᾶλλον τὸ σκότος ἢ τὸ φῶς. 사람들이 빛보다도 어두움을 더욱 사랑하였다 (비교급을 강조할 때에는 μᾶλλον 또는 πολύ 를 사용한다).

비교되는 대상은 또한 παρά + 속격으로 올 수도 있다.

예 Δοκεῖτε ὅτι οἱ Γαλιλαῖοι οὗτοι ἁμαρτολοὶ παρὰ πάντας τοὺς Γαλιλαίους ἐγένοντο 너희는 이 갈릴리 사람들이 모든 갈릴리 사람들보다 더 죄인된 줄로 생각하느냐?(눅 13:2)

§47. 수단의 여격 (Dative of Means)

전치사 없이 여격만으로 수단(means) 또는 도구(instrument)의 의미를 나타낼 수 있다.

예 1) ἐγείρονται τῷ λόγῳ τοῦ κυρίου. 그들은 주님의 말씀으로 일으킴을 받는다.

2) ἄγομεν τοὺς δούλους μετὰ τῶν υἱῶν αὐτῶν λόγοις καλοῖς. 우리는 그 종들을 그들의 아들들과 함께 선한 말들로써 인도한다.

§48. 관점의 여격 (Dative of Respect)

어떤 것의 관점, 측면(respect)을 나타낸다.

예 γινωσκόμενος τῷ προσώπῳ, 얼굴로는 알려져서(being known by face, i. e. being known so far as the face is concerned); καθαρὸς τῇ καρδίᾳ, 마음에 있어서 깨끗한(pure in heart, i. e. pure so far as the heart is concerned).

§ 49. 시간의 속격(Genitive of Time): … 동안에(within which)

예 ὁ δὲ ἐγερθεὶς παρέλαβεν τὸ παιδίον καὶ τὴν μητέρα αὐτοῦ νυκτός. 그가 일어나서 밤에(by night) 그 아이와 그의 모친을 데리고 갔다(마 2:14).

§ 50. 시간의 여격(Dative of Time): … 때에(when)

예 ἐθεράπευσε τῷ σαββάτῳ. 그는 안식일에(on the sabbath) 병을 고쳤다.

§ 51. 공간과 시간의 범위를 나타내는 대격(Accusative of Extent of Space and Time): how far? or how long?

* 또는 '지속의 대격'(accusative of duration)이라고도 한다.

예 ἐπορεύθην μετ' αὐτοῦ στάδιον ἕν. 나는 그와 함께 한 스타디온을 갔다.
  ἔμεινα μίαν ἡμέραν. 나는 하루를 머물렀다.

§52. 소유 형용사(Possesive Adjectives)

ἐμός, 나의; σός, 너의; ἡμέτερος, 우리의; ὑμέτερος, 너희의

소유를 강조할 때 인칭 대명사의 속격 대신 소유 형용사를 사용한다.
소유 형용사는 성·수·격에 따라 변화한다.

예 ὁ ἐμὸς λόγος, 나의 말; ἡ χαρὰ ἡ ἐμή, 나의 기쁨; τὸ θέλημα τὸ ἐμόν, 나의 뜻; τοῦ ἐμοῦ λόγου, 내 말의; τὴν χαρὰν τὴν ἐμήν, 내 기쁨을 … 등.

§53. 조건절(Conditional Clause)

☞ Machen, §288; *KGG*, §105; Zerwick, §302.

1. ἐάν + 가정법

① 궁극적 조건(*eventual/probable* condition) – 귀결문에는 임의의 법이나 시상이 올 수 있다. '[미래의] 궁극성'(a [future] eventuality)을 표현한다(Zerwick, §320; Machen, §288). 여기서 '궁극적'이란 말은 어떤 일이 일어날 경우에란 뜻이다(물론 경우에 따라서는 일어나는 것이 [거의] 불가능 한 경우에도 일어나는 것을 조건으로 가정해서 말할 수도 있다.)

예 ἐάν τις ὑμῖν εἴπῃ τι, ἐρεῖτε ὅτι ὁ κύριος αὐτῶν χρείαν ἔχει. 만일 누가 무어라고 말하면, 주께서 그것들을 필요로 하신다고 너희는 말하여라(마 21:3).

〈참고〉 많은 문법학자들이 이 경우의 조건절을 '미래'(future)의 궁극적 조건을 나타낸다고 설명하는데, 과연 '미래'의 개념이 여기에 원래 들어 있는지는 의문스럽다. 필자의 견해로는 이 경우의 원래의 개념은 '가정'이며, 그렇기 때문에 그 조건절에서 제시하는 사건은 아직 실현되지 않고 있다. 아니 앞으로도 실현되지 않을 수 있다. 왜냐하면, 조건절이란 그 조건이 성취될 경우를 전제하기 때문이다(따라서 이 경우에 조건절 안에 가정법이 오는 것은 당연하다). 이처럼 조건절 안에서 말하고 있는 내용이 아직 실현되지 않은 '가정'의 세계에 속한 것이기 때문에, 만일 그 일이 이루어진다면 그것은 미래의 시간에 이루어질 것이다. 따라서 이 경우의 조건절을 '미래'의 궁극적 조건을 나타낸다고 말하는 것이 이해되기는 한다. 그러나 여기서 우리가 주의해야 할 것은 이런 식으로 설명하는 것은 '가정법'의 세계를 '직설법'의 세계로 전환시켜 설명하는 것이며, 이러한 '전환'은 조건절이 원래 나타내고자 했던 '조건'의 세계, 즉 '가정'의 세계를 이해하지 못하게 만들고 만다. 즉, 이 경우의 조건절이 표현하고자 하는 것은 그 말하는 사건이 언제 이루어질 것인가 하는 것이 아니라, 그것이 이루어지느냐 이루어지지 않느냐 하는 조건인 것이다. 다르게 말하자면, 그것이 이루어질 것을 가정해서 말하는 것이다. 따라서 오늘날 서구의 문법학자들이 이러한 '가정'의 세계를 제대로 이해하지 못하고 모든 것을 '직설법'의 세계로 '환원'시켜서, 아직 이루어지지 않았으니까 '미래'라는 식으로 설명하는 것은 문제의 본질을 파악하지 못한 것이라고 생각된다.

② **일반적 조건**(*general* condition) - 조건문에는 '무시간적'(atemporal) 현재를 사용한다. 귀결문에는 임의의 법이나 시상이 올 수 있다. 일반적, 반복적인 사실 또는 진리를 나타낸다(Zerwick, §325; Machen, p. 132 n. 1; *KGG*, §104. B. 2.)

예 ἐάν τις περιπατῇ ἐν τῇ ἡμέρᾳ, οὐ προσκόπτει. 사람이 낮에 다니면 실족하지 아니한다(요 11:9).

2. εἰ + 직설법

① **현실적 조건**(real condition) - 귀결문에는 직설법을 사용한다. '단순한 조건'(simple condition)을 나타낸다. 즉, 그 조건이 이루어졌느냐 이루어지지 않았느냐에 대해 말하지 않고 단순히 조건을 진술한다(Zerwick, §303). 구체적인 일이나 사건의 경우에 사용하며 "A라면 B이다"라는 식으로 가정해서 조건적으로 말한다. 그 가정된 내용이 사실이냐 아니냐는 중요하시 않다. 물론 그 가정된 내용이 사실임을 전제하고서 말할 때가 많다.

예 εἰ ἐμὲ ἐδίωξαν, καὶ ὑμᾶς διώξουσιν. 그들이 나를 핍박하였다면, [그들이] 너희들도 핍박하리라(요 15:20).
   * 여기서 그들이 나를 핍박하였다는 사실은 이미 일어난 사실이다.

② **비현실적 조건**(*unreal* condition) - 귀결문에는 〈ἄν + 직설법〉

이 온다. 이 경우 조건문과 귀결문 두 곳 다 '역사적 ≪시제≫의 직설법'(a historic ≪tense≫ of the indicative)이 온다(Zerwick, §313).

예 ἐν τῇ οἰκίᾳ τοῦ πατρός μου μοναὶ πολλαί εἰσιν εἰ δὲ μή, εἶπον ἂν ὑμῖν. 내 아버지의 집에는 많은 처소들이 있다. 만일 그렇지 않다면, 내가 너희에게 일렀으리라(요 14:2).

* Hellenistic Greek에서 ἄν은 종종 생략된다 (cf. Zerwick, §319).

예 ἀλλὰ τὴν ἁμαρτίαν οὐκ ἔγνων εἰ μὴ διὰ νόμου. 그러나 율법으로 말미암지 않고는 내가 죄를 알지 못하였으리라(롬 7:7).

* KJV에는 "I had not known sin, but by the law."로 되어 있으나 NKJV에서는 "I would not have known sin except through the law."로 바로잡았다).

§54. 희구법(Optative)

1. 희구법의 역사

Sanskrit어에서는 희구법이 가정법을 대신하고, Latin어에서는 가정법이 희구법을 대신하였다. 헬라어는 둘 다 보존했으나 현대 헬라어에서는 희구법이 사라졌다. Koine Greek에서는 실제로 거의 사용되지 않았다.

2. 희구법의 의미

가정법과 많이 다르지 않다. 예를 들어 Jannaris는 이를 '제2의 가정법'(secondary subjunctive)이라 부르고, Goodwin은 '일종의 약화된 가정법'(a sort of weaker subjunctive)이라 부르며, Monro는 '부드러워진 미래'(softened future)라고 부른다.

〈참고〉 우리는 εὐτική(희구법)가 원래 기원을 나타내었는지 가정을 나타내었는지 모른다. εὐτική 란 이름은 나중에 문법학자들이 만들어 낸 용어이다.

3. 희구법의 용법

① *futuristic* or *potential* - ἄν과 함께 사용. 미래 직설법과 동일(유사). 미래를 온건하게 표현(Moulton: 신 18:24ff. 인용). 행 26:29; 행 8:31(?); 행 17:18(?) 등.

② *volitive* - "optative proper"(Moulton). 신약의 67 군데 중 38 군데 (이 중에서도 15 번은 μὴ γένοιτο).

〈참고〉 μὴ γένοιτο는 강한 금지를 나타낸다. 이것을 KJV는 "God forbid."로, RSV는 "By no means!"로, NKJV는 "Certainly not!"로 번역하였으며, 개역한글판 성경은 "그럴 수 없느니라."고 번역하고 있다.

③ *deliberative* – 고려 또는 주저. 눅 3:15; 행 25:20; 행 17:18; 눅 6:11 등.

4. 성경에서의 사용

명령법과 거의 같은 뜻으로 사용된 경우가 많다.

막 11:14 (저주) Μηκέτι εἰς τὸν αἰῶνα ἐκ σοῦ μηδεὶς καρπὸν φάγοι. 이제부터 영원토록 아무도 네게서 열매를 먹지 못할 것이니라.
 * φάγοι는 ἐσθίω의 아오리스트 희구법.

갈 1:8f. (명령법; cf. 고전 16:22) ἀνάθεμα ἔστω. (만일 … 다른 복음을 전하면) 저주가 있을지어다. * ἔστω는 εἰμί의 명령법.

행 8:20(저주) Τὸ ἀργύριόν σου σὺν σοὶ εἴη εἰς ἀπώλειαν. 너의 은이 너와 함께 멸망할지어다. * εἴη는 εἰμί의 희구법.

행 1:20(LXX에서는 λάβοι, 사도행전에서는 λαβέτω) Τὴν ἐπισκοπὴν αὐτοῦ λαβέτω ἕτερος. 그의 직분을 타인이 취하게 하라/하소서.
 * λαβέτω는 λαμβάνω의 아오리스트 명령법.

§55. 헬라어 동사의 주요 시상(aspect)

☞ M. Zerwick, *Biblical Greek,* tr. & ed. by J. Smith, Rome 1963, §240-§291.

1) 진행 시상 (현재, 미완료): 진행 중이거나 습관적(반복적)인 동작의 속성이나 종류를 나타낼 때, 또는 단순히 이런 類의 동작 또는 어떤 주어진 목적을 향하는 동작을 나타낼 때(a nature or kind of activity in progress or habitual (repeated) or simply as this *kind* of activity or activity tending to a given end).

2) 완료 시상(완료, 과거 완료): 완료된 동작으로서 그 동작의 결과가 현재에 어떤「상태」로 영향이 남아 있는 동작을 나타낼 때 (a completed act resulting in a ≪state of affairs≫ which is predicated by the verb as holding for the present time).

3) 아오리스트(aorist): 어떤 동작이 지속적이냐 반복적이냐에 대해 말하지 않고 단지「전체적으로」단순한 실현을 나타낼 때(a simple realization(e.g. in the indicative for the mere statement of historical fact) without reference to continuation or repetition, but simply 《globally》).

〈주의〉 위 시상의 사용은 객관적 사실에 의해 결정된다기보다 오히려 말하는 자의 필요에 의해 결정된다. 예를 들어 객관적으로는 오랫동안 지속된 동작에 대해서도 말하는 자가 단지 그 동작이 일어났다는 사실을 표현하고 싶으면 아오리스트를 사용할 수 있다. 마찬가지로 어떤 동작이 본래 순간적인 것이라

할지라도 말하는 자가 표현하고자 원하는 것이 그 동작의 구체적 실현이 아니라 그 동작의 속성이나 종류라면 현재 시상을 사용할 수 있다.

예 1) (마 6:11) δὸς ἡμῖν σήμερον (a definite petition).

(눅 11:3) δίδου ἡμῖν τὸ καθ' ἡμέραν (continual assistance of providence).

예 2) (마 5:12) χαίρετε = "기뻐하라" (지속적인 마음의 상태: be joyful!)

(눅 6:23) χάρητε = "기뻐하라" (그 순간의 특별한 기쁨의 반응: rejoice!)

§56. 아오리스트(aorist)의 용법

☞ M. Zerwick, *Biblical Greek*, tr. & ed. by J. Smith, Rome, 1963, §242-§269.

1) **ingressive aorist** (*aoristus ingressivus*): 어떤 상태로의 진입을 나타낼 경우.

예 βασιλεύειν = reign (be king)
βασιλεῦσαι *may* = come to the throne (become king)
δουλεύειν = serve (be slave)

δουλεῦσαι *may* = be reduced to servitude (become slave)

πιστεύειν = be a believer(계속 믿고 있다: 의지, 신뢰)

πιστεῦσαι *may* = embrace the faith(믿게 되다: 영접, 회심)

〈참고〉 요한일서 2:1과 3:9 사이의 **가견상** 충돌도 위 시상 개념으로 해결할 수 있다 (cf. Zerwick, §251).

(요일 2:1) "내가 이것을 너희에게 씀은 ἵνα μὴ ἁμάρτητε"(aorist = not to commit sin);

(요일 3:9) "οὐ δύναται ἁμαρτάνειν" (present = be habitually a sinner), i.e. cannot continue the sinful life that was his before his regeneration.

2) **global aorist** (*aoristus complexivus*): 어떤 동작이 오랫동안 지속되었다 할지라도 단지 그 동작(들)의 「사실」만을 나타내고자 원할 때 곧 그 동작(들)을 '전체적으로'(globally) 관찰할 때 aorist를 쓸 수 있다.

예 (요 2:20) "이 성전은 46년 동안에 οἰκοδομήθη" - 역사적 사실(a historical fact).

(행 18:11) "(바울이) 1년 6개월을 ἐκάθισεν" - 단순히 바울의 체제 기간을 기록.

(고후 11:24-25) "유대인들에게 40에 하나 감한 매를 다섯 번 ἔλαβον, 세 번 ἐρραβδίσθην…" - 단지 사실을 '전체적으로' 기록.

⟨참고 1⟩ 위와 같은 《global》 type의 aorist는 또한 「단정적 금지」(categorical prohibitions)를 나타낼 때 자주 사용된다(cf. Zerwick, §254).

예 (마 6:34) μὴ μεριμνήσητε εἰς τὴν αὔριον" - 내일 일을 위하여 '조금도', '절대로' 염려하지 말라.

(마 6:25) μὴ μεριμνᾶτε" - 따라야 할 「일반적 원리」(general principle) 즉, 그런 「행위의 종류」(kind of activity).

* 또는 '지속적으로' 염려하는 것을 그만 두라는 뜻으로도 볼 수 있다.

⟨참고 1⟩ 위와 같은 《global》 type의 aorist는 또한 기도문에 보편적으로 많이 사용된다. 따라서 주기도문에서 모든 간구가 (누가복음에서 하나만 제외하고서) aorist로 표현되어 있는 것은 이상한 일이 아니다. 따라서 이러한 aorist를 근거로 주기도문을 종말론적으로 설명할 필요는 없다(Zerwick, §255).

3) effective aorist (*aoristus effectivus*): 어떤 동작이 지향하는 목적의 「실제적 획득」(actual attainment)을 표현하고자 할 때.

예 막 5:12의 παρεκάλεσαν(cf. 10절의 παρεκάλει) - *may imply successful petition*. * 여기서 παρεκάλεσαν[간구하였다]을 꼭 effective aorist로 - 곧 간구해서 실제로 간구한 바를 획득하였다는 의미로(cf. Zerwick, §252) - 볼 필요가 있는지는 의문스럽다. 마가는 그냥 단순히 과거의 사실만을 기록한 것이 아닐까?

행 27:43의 κωλῦσαι = ⟨prevent⟩ (effectively) ↔ κωλύειν = ⟨hinder, impede⟩

4) **proleptic use of the aorist** (*usus prolepticus aoristi*): 어떤 조건을 전제로 하는 문장에서 내용상 미래 시상이 와야 하나 마치 그 조건이 이미 성취된 것처럼 아오리스트가 사용될 경우.
   예) (요 15:6) "사람이 내 안에 거하지 아니하면 ἐβλήθη ἔξω καὶ ἐξηράνθη" – 생생한 표현 (in vivacious speech).
   (갈 5:4) "율법 안에서 의롭다 함을 얻으려 하는 너희는 κατηργήθητε ἀπὸ Χριστοῦ, 은혜에서 ἐξεπέσατε" – 만약 누가 율법 안에서 의롭다 함을 얻으려고 할 때 일어날 결과를 '극적으로'(dramatically) 표현. 위험성을 강조하는 효과.

【요약 정리】

현재 시상: 지속적(durative) 동작 – 반복적, 습관적, 일상적, 원리적 동작.
아오리스트: 점(punctiliar) 동작 – 단회적 동작 또는 단호한 동작. 또는 단순히 '역사적 사실'을 표현하거나 어떤 사실을 '전체적으로'(globally) 표현할 때.

§57. 헬라어 동사의 기본 개념

☞ A. T. Robertson, *A Grammar of the Greek New Testament in the Light of Historical Research*, Nashville, 4th ed. 1923, pp. 343-345, 821-910.

1. 시제(時制, tense)라는 용어의 문제

1) '시제'(tense)는 헬라어 동사에서 원래의 기본적인 개념이 아니다.
2) '양상'(aspect) 또는 '동작의 양상'(Aktionsart)이라는 개념이 더 합당.

〈참고〉 정확한 표현은 아니지만 우리는 편의상 '시상(時相)'으로 부른다.

2. 두 종류의 동사 뿌리 (two types of verb-roots)

1) 점 동작(the punctiliar): 아오리스트(aorist).
2) 지속적 동작(the durative): 현재 시상(present).

3. 아오리스트의 종류 (pp. 831-835)

Aktionsart에 따라 다음과 같이 세 종류로 분류

1) **Constative Aorist:** just *treats* the act as a single whole entirely

irrespective of the parts or time involved. 어떤 동작이 꼭 점 동작이 아니더라도 그 동작 전체를 하나의 '점'으로 간주한다. 이 아오리스트는 또한(직설법의 경우) "단순히 과거의 어떤 동작이나 사건을 가리키기 위해"(to portray simply an action or occurrence of the past)서도 사용된다(Thumb).

2) **Ingressive(inceptive or inchoative) Aorist**: "came to ...", "became ··· " 각 동사가 어떻게 사용되느냐에 따라 다르다.

예 고후 8:9의 ἐπτώχευσεν = became poor; 롬 14:9의 ἔζησεν = became alive; 요 1:12의 ὅσοι ἔλαβον αὐτόν에서 ἔλαβον 등.

3) **Effective Aorist**: "the end of the action as opposed to the beginning(ingressive)"에 강조점이 있다.

예 ποιήσατε καρπόν (마 3:8); κλείσας (6:6); ἐτέλεσεν (7:28) 등.
* 여기서도 이 단어들을 굳이 effective aorist로 보아야 할 것인지에 대해서는 논란의 여지가 있다.

§58. 헬라어 동사의 시상 연구 역사

☞ J. A. Meijer, "Bijbelgrieks is ook Grieks", in: *Pro Ministerio*, 1981, pp. 222f.

1. 전통적으로 Latin어 문법에 준해서 가르침

'시제'(tempus) 개념으로 이해. 이에 맞지 않는 것은 온갖 예외를 두어 설명.

2. 1850년경 Praag의 고전어 학자 Georg Curtius

동료 언어학자들로부터 현대 슬라브어에서 '시제' 개념은 '완료' - '미완료'의 개념과 불가분의 관계에 있다는 말을 들음. Curtius는 이 아이디어를 가지고 헬라어의 동사 연구에 적용하여 이 체계의 중요한 열쇠를 발견함. "Zeitstufe" 외에 "Zeitart"도 있다. 이 발견이 곧 헬라어 동사 개념 이해에 새로운 시대의 시작이었다. 그러나 이것은 그 후에도 오랫동안 헬라어와 히브리어 연구학자들에 의해 인정받지 못하고 지나갔다.

3. 1906년 J. H. Moulton

그의 저서 *A Grammar of New Testament Greek*, Vol. I. Prolegomena 에서 "Aktionsarten"(동작의 양상)에 대해 상세히 설명(따로 한 챕터 할

제1부 문법편

애). 그러나 구라파의 목회자들에게 이 진리를 전달하는 데 실패.

4. 1930년대 구라파

셈족어 학자들 사이에 "Aktionsarten"에 대해 이야기하는 것이 보편화됨.

5. 1960년대 헬라어 동사

이 당시의 헬라어 동사에 있어서 "aspect" 개념을 체계적으로 적용하게 됨.

〈몇몇 문법책에서의 실례〉

1) Van der Heyde의 학교 문법책: 2차 대전 후에도 여전히 '시제'(tempus) 개념으로 설명.

2) 1960년대에야 비로소 Nuchelmans c.s., *Kleine Griekse Grammatica*에서 '시상' 개념을 체계적으로 적용.

3) Blass-Debrunner의 *Griechische Grammatik*: 결코 만족스럽게 다루지 못했다(새 판에서도 마찬가지).

4) M. Zerwick, *Graecitas Biblica* (^{1}1944, ^{4}1960; 영역: *Biblical Greek*, 1963): 추천할 만하다. '시제'라는 말을 사용할 때에 항상 ≪tense≫로 표현. Cf. Schwyzer, "die *sogenannte* Tempora".

제2부
강독편

본 「**강독편**」에서 사용하는 원어 성경으로는 *The Greek New Testament,* UBS 4판(1993)을 사용하였다. 이것을 대본으로 사용한 이유는 이 성경의 편집 원리에 동의하거나 이것이 학적으로 우수해서가 아니다(필자의 "UBS 4판과 NA 27판에 나타난 현대 사본학의 동향", 「개혁신학과 교회」 4호, 1994, pp.53-66 참조). 다만 현재 한국에서 구하기 쉽고 또한 Nestle-Aland 판보다도 활자가 커서 학습용으로 사용하기에 편하기 때문이다. 특히 Dictionary가 붙어 있는 것을 구하면 실제적으로 큰 도움이 될 것이다. 물론 신약 헬라어 단어에 대한 학적인 사전으로는 W. Bauer의 *Griechisch-Deutsches Wörterbuch* (W. F. Arndt와 F. W. Gingrich가 편역한 영어판 *A Greek-English Lexicon*이 있음)와 G. Kittel이 편집한 *Theologisches Wörterbuch zum Neuen Testament*(영역: *Theological Dictionary of the New Testament*)를 사용하기 바라고, 일반 문헌에서의 헬라어 단어의 의미를 알기 위해서는 Liddell-Scott-Jones의 *A Greek-English Lexicon*을 참조하기 바란다. 또한 Zerwick-Grosvenor의 *A Grammatical Analysis of the Greek New Testament*를 Zerwick의 *Biblical Greek*과 함께 사용하면 적지 않은 도움이 될 것이다. 그러나 Inter-linear 성경은 득(得)보다는 실(失)이 많으므로 사용하지 않는 것이 현명하다.

I. 요한복음 1장

<1절>

ἐν ἀρχῇ   처음에, 태초에(in the beginning).

ἦν   εἰμί 동사의 미완료(변화 외울 것). εἰμί 동사는 상태를 나타내므로 아오리스트가 없고 대신에 미완료가 사용된다.

πρός + 대격   원래는 '… 에게로'(towards)의 뜻. 그러나 Hellenistic Greek에서는 <παρά + 여격>과 같은 뜻으로도 사용된다(… 와 함께, with). 그렇다면 여기서 <πρός + 대격>이 사용된 것은 성부와 성자 사이의 '인격적 관계'(personal relationship)를 나타내기 위함이라고 볼 수 있다(Zerwick, §102).

θεός   이 문장에서 보어로 사용되었다. ὁ λόγος가 주어이다. 이것을 어떻게 알 수 있는가? 그것은 한 문장에서 주어가 될 수 있는 주격 명사가 두 개가 올 경우에 대개는 관사가 있는 쪽이 주어가 되기 때문이다. 따라서 여기 θεός 앞에 관사가 없는 것은 성자 하나님을 가리키기 때문이라는 설명(예: Origen)은 잘못이다.

<2절>

οὗτος   지시 대명사(οὗτος, αὕτη, τοῦτο). **이(this)**.

* 이 지시 대명사 꼴을 잘 익혀 두도록 하자.

<3절>

πάντα   πᾶς의 중성 복수 주격. 중성 복수 주어는 단수 동사를 취할 수 있다.

* πᾶς, πᾶσα, πᾶν의 변화(이 책 §35 참조)를 눈여겨보고 가급적 외우도록 하자.

δι' αὐτοῦ   **그를 통하여**(διά + 속격).

ἐγένετο   γίνομαι (**되다, 창조되다**)의 아오리스트.

χωρίς + 속격   ··· **없이**(without).

ἕν   수사 (εἷς, μία, ἕν). 중성. **하나**(one).

ὅ   관계 대명사 중성. *악센트에 주의하라.

γέγονεν	γίνομαι의 완료 (3인칭 단수)

<5절>

κατέλαβεν	καταλαμβάνω의 아오리스트.
① 잡다, 이기다 (능동태, 수동태에서).
② 파악하다, 깨닫다 (주로 중간태에서; 능동태에서도 가끔).

<6절>

ἐγένετο	γίνομαι의 아오리스트 시상 중간태 직설법. 여기서 뜻은 (어떤 일이) 발생하다, 일어나다(it happened that … , it came to pass that …).

* γίνομαι의 뜻
① 되다(to become).
② 만들어지다, 창조되다(to be made, created).
③ 일어나다, 발생하다(to happen, to come to pass).

ἀπεσταλμένος	ἀποστέλλω(보내다)의 완료 수동태 분사. ἐγένετο와 함께 구문을 이루고 있다(it happened that someone was sent …).

〈참고〉 왜 완료인가? 혹 아오리스트는 안 되는가? 그러나 아오리스트가 될 수 없는 것은 ἀπε-에서 ε이 붙어 있기 때문이다. 직설법 외에서는 '접두 모음'(augment)이 떨어져야 하기 때문에 아오리스트 분사가 되려면 ἀπο- 형태로 되어야 한다. 그런데 여기에 분사임에도 불구하고 ε이 붙은 것은 완료에서의 '중첩'(reduplication)을 나타낸다. 그 다음에 이것이 완료임을 알 수 있게 해주는 것은 악센트가 με 위에 붙어 있다는 점이다. 보통은 그 앞 음절 곧 antepenult에 붙는데, 완료 중간태/수동태에서는 penult에 온다.

* ἀποστέλλω 의 변화는 기본형에서 외워야 한다.
ἀποστέλλω – ἀποστελῶ – ἀπέστειλα – ἀπέσταλκα
       수) ἀπεστάλην 중/수) ἀπέσταλμαι

ὄνομα αὐτῷ   그에게 있어서 이름은(즉, 그의 이름은). 속격 αὐτοῦ가 아니라 여격 αὐτῷ가 온 것이 특이한데, "이름이 그에게 속했다"는 식의 히브리적 표현이 아닌가 생각된다.

<7절>

ἦλθεν   ἔρχομαι의 아오리스트(기본형 외울 것).

εἰς μαρτυρίαν   증거하기 위하여. 여기서 εἰς는 목적을 나타낸다.

제2부 강독편

ἵνα + 가정법　　목적절(… **하기 위하여**).

πιστεύσωσιν　　πιστεύω의 아오리스트 가정법. 직설법이라면 어미 부분이 -ουσιν이 되었을 것이나 여기서는 -ωσιν이 되어서 가정법임을 나타낸다. 거기에 σ가 덧붙으면 아오리스트 가정법이 된다.

<8절>

οὐκ ἦν　　**아니었다.** εἰμί 동사의 의미는 크게 두 가지이다. ① **이다**(copula 곧 **계사**(繫辭)로 사용됨: 예를 들면 "A is B."에서의 is); ② **있다**(**존재**를 나타냄: 예를 들면 "There is a book."에서의 is). 여기서 ἦν은 주어와 보어를 연결하는 계사로 사용되었다.

ἐκεῖνος　　**저(사람).** 지시 대명사(ἐκεῖνος, ἐκείνη, ἐκεῖνο).

ἵνα μαρτυρήσῃ　　**(그가) 증거하기 위하여**(ἵνα + 가정법 = 목적절). 여기서 ἀλλ' 과 ἵνα 사이에 '(그는) 왔다'에 해당하는 단어(들)이 생략되었다고 볼 수 있다.

περί　　**대하여, 관하여** (+ 속격)

<9절>

τὸ φῶς τὸ ἀληθινόν   참된 빛. 여기서 ἀληθινόν이란 형용사는 한정적 용법으로 사용되었다(앞에 관사가 있으므로).

ὅ   관계 대명사 중성 단수. 바로 앞에 있는 τὸ φῶς (τὸ ἀληθινόν)을 수식함.

φωτίζει   **비추다**(타동사).

ἐρχόμενον εἰς τὸν κόσμον   두 가지 해석의 가능성이 있다. ① 분사의 서술적 용법으로 πάντα ἄνθρωπον을 부연 설명한다(Vulgate) - (모든 사람이) 세상에 오고 있었다. 곧 세상에 오는 모든 사람; ② 앞에 있는 ἦν과 함께 periphrastic construction을 이루고 있다-(참된 빛이) 세상에 **오고 있었다**. 이 중에서 ①의 의미는 부자연스럽다. 따라서 ②의 의미가 옳다고 생각된다. 그렇다고 할지라도 여기서 ἦν의 독자적인 의미가 어느 정도 살아 있다고 볼 수 있다(Zerwick, §362). Cf. 요 1:28; 2:6. 따라서 그 어감을 살려서 번역해 본다면, "모든 사람을 비추는 참된 빛이 있었는데, 그 빛이 오고 있었다"가 된다.

<10절>

ἔγνω
γινώσκω의 아오리스트 (능, 직, 3, 단).
*기본형을 꼭 외워 두자.
  γινώσκω - γνώσομαι - ἔγνων - ἔγνωκα

αὐτόν
문법적으로는 9절에 나오는 τὸ φῶς (τὸ ἀληθινόν)를 받으므로 중성인 αὐτό가 와야 된다고 할 수 있으나, 여기서는 '내용'을 따라 남성이 왔다(왜냐하면 τὸ φῶς가 예수님을 가리키므로).

<11절>

τὰ ἴδια
자기 자신의 것들(his own things). 중성 관사가 붙었으므로 이는 포괄적으로 하나님의 소유된 '나라'를 가리킨다고 볼 수 있다(출 19:5-6 참조).

οἱ ἴδιοι
남성 복수. **자기 자신의 백성(his own people).**

παρέλαβον
παραλαμβάνω의 아오리스트(3, 복). παρά + λαμβάνω로 구성된 「복합 동사」(compound verb)이다. 뜻은 '받아들이다, 영접하다'로서 뒤에 나오는 λαμβάνω도 이와 같은 의미를 가지고 있다고 생각된다. 신약에서

παραλαμβάνω는 다음 3 가지 의미로 사용되고 있다.
① 데리고 가다(take along) - 요 14:3
② 물려받다(accept from) - 고전 15:3
③ 영접하다(receive) - 요 1:11

<12절>

ὅσοι   관계 형용사(Relative Adjective) 또는 상관 대명사(Correlative Pronoun). ① as much as, how much; ② as great as, how great; ③ as far as, how far; ④ whoever (= ὅσος ἄν, ὅσος ἐάν). 여기에서처럼 복수로 사용되면 as many as, all who의 뜻을 가진다(… 하는 자는 누구든지).

ἔλαβον   λαμβάνω의 아오리스트.
* 기본형을 꼭 외워 두자.
   λαμβάνω - λήμψομαι - ἔλαβον - εἴληφα

ὅσοι ἔλαβον αὐτόν   이 부분은 pendent nominative(계류 주격, 절대 주격)로서 같은 절의 αὐτοῖς가 이를 다시 받고 있다. '계류 주격'에 대해서는 이 책의 §44 및 Zerwick, §25, §30을 보라. 신약 성경에 제법 나타나는데 잘 이해할 필요가 있다. '계류 주격'이란 문장 속의 한 구성 요소

로 들어가야 할 것을 문장의 한 부분(주로 제일 앞부분)에 따로 떼어서 말하는 경우이다. 즉, 미리 따로 떼어서 '계류'시켜 놓는다. 따라서 이 경우에 계류되는 단어들은 항상 '주격'으로 온다(예: 계 2:26; 마 5:39, 41 등).

ἔδωκεν   δίδωμι의 아오리스트.

       * 기본형을 꼭 외워 두자.

       δίδωμι - δώσω - ἔδωκα - δέδωκα

ἐξουσία   **권세**. 단순한 권리가 아니라 능력이 있는 권세.

τέκνα θεοῦ γενέσθαι   **하나님의 자녀가 되는**. 부정사구로서 전체가 ἐξουσία를 수식한다. γενέσθαι는 γίνομαι의 아오리스트 부정사(중간태, 디포넌트). 하나님의 자녀가 되는 것은 '지속적 동작'이 아니라 '점동작'이다.

τοῖς πιστεύουσιν   **믿는 자들에게**. πιστεύουσιν은 현재 능동태 분사(남·복·여)이다. 분사 변화를 찾아서 확인해 보자(현재 능동태 직설법 동사와 형태가 똑같으니 주의를 요한다). 앞에 관사가 붙어서 명사적 용법으로 사용되었다. εἰς τὸ ὄνομα αὐτοῦ가 뒤에 붙어서 '그의 이름을 믿는 자들에게'라는 뜻. 이 분사 구문 전체는 αὐτοῖς와 동격이며, 내용상으로는 또한 '계류 주격 구문'인 ὅσοι ἔλαβον αὐτόν과 동격.

<13절>

οἵ   관계 대명사. 여기서는 계속적 용법으로 보아 무방하다. 그런데 이들은.

οὐκ … οὐδὲ … οὐδὲ … ἀλλ᾽ …   neither … nor … nor … but …

σαρκός   σάρξ의 속격 (이 명사의 변화를 잘 익혀 두자).

ἀνδρός   ἀνήρ의 속격(이 명사의 변화를 찾아보고 익혀 두자).

ἐγεννήθησαν   γεννάω(**낳다**)의 아오리스트 수동태 직설법.

              <참고> 사본상 근거는 희박하지만 몇몇 소수의 사본이 가지고 있는 ἐγενήθησαν은 γίνομαι의 아오리스트 수동태 (ν가 하나이냐 둘이냐에 따라 뜻이 달라지며, 따라서 사본의 전수 과정에서 문제가 많이 나타나는 대표적 한 예이다).

<14절>

σάρξ   **육신(肉身, flesh)**. σάρξ의 뜻은 ① 인간의 몸 (= σῶμα);

② (몸과 영혼을 가진) 인간 전체; ③ 타락한 인간의 부패한 본성, 또는 그런 본성을 가진 연약한 인간의 모습; ④ 하나님의 은혜와 사랑을 고려하지 않고 단지 율법적인, 인간적인 눈으로만 바라본 모습(고후 5:16) 등 여러 가지 의미로 쓰인다. 여기서는 ②의 '인간 전체'란 의미로 사용되었다.

ἐσκήνωσεν   σκηνόω(**장막치다, 장막에 거하다**)의 아오리스트. σκηνή(**장막**, tent).

ἐν ἡμῖν   **우리 가운데**(among us). 여기서 ἐν은 '가운데'(among)의 의미이다.

ἐθεασάμεθα   θεάομαι(**바라보다**)의 아오리스트. ὁράω 또는 βλέπω가 그냥 보는 것을 뜻한다면 θεάομαι는 어떤 사람이나 사물을 주목하여 보는 것을 뜻한다.

δόξαν ὡς μονογενοῦς   바로 앞의 τὴν δόξαν(αὐτοῦ)와 동격으로 그것을 좀 더 설명한다. μονογενοῦς는 μονογενής, ές(**독생의,** only-begotten)의 속격이다. 즉, δόξαν이란 명사의 격(대격)과 같지 않다. 따라서 여기서 μονογενοῦς란 형용사는 명사적으로 사용되었다. 즉, μονογενοῦς 앞에 관사 τοῦ가 생략되었다고 보면 된다. 그렇다면 이

표현 전체의 뜻은 '독생자의 것(= 영광)과 같은 영광'이 된다.

πλήρης χάριτος καὶ ἀληθείας　　**은혜와 진리로 충만한**(full of grace and truth). πλήρης란 형용사가 뒤에 명사를 수반하여 전치사처럼 사용될 때에는 대개 속격을 취한다. χάριτος는 χάρις의 속격. 그런데 이 부분의 표현은 어느 것을 설명하는가? 이를 결정하는 데 있어서 중요한 것은 πλήρης가 주격으로 되어 있다는 사실이다. 따라서 이 부분은 δόξαν이 아니라 이 구절의 제일 앞에 나오는 ὁ λόγος에 대해 부연 설명하고 있다.

<15절>

κέκραγεν　　κράζω(**외치다**)의 완료형. 이 단어의 완료형(κεκραγα)은 종종 현재의 의미를 가진다.

λέγων　　λέγω의 현재 분사. **말하기를**(saying).

εἶπον　　λέγω의 아오리스트.

　　　　* λέγω의 기본형은 철저히 외워 두어야 한다.

　　　　　λέγω – ἐρῶ – εἶπον – εἴρηκα

ὁ ὀπίσω μου ἐρχόμενος　**내 뒤에 오시는 자**. ὁ ἐρχόμενος는 〈관사+현재 분사〉로서 '…하는 자'를 가리킨다. 즉, 어떤 종류의 사람을 가리키는 표현이다(Zerwick, §371). 따라서 시제에 관계없이 항상 이런 표현으로 나타난다.

ἔμπροσθέν μου γέγονεν　**나보다 먼저 되었다**. 여기서 ἔμπροσθεν은 위엄(dignity)에 있어서 앞서는 것을 뜻한다. γέγονεν은 물론 γίνομαι의 완료.

ὅτι πρῶτός μου ἦν　여기서 ὅτι는 '왜냐하면'의 뜻 (ὅτι 앞에 comma가 있음에 유의). πρῶτος는 원래 최상급이나 여기서는 비교급인 πρότερος(former, prior)와 같은 의미로 사용되었다(Zerwick, §151). 여기서 πρότερος는 시간적으로 앞서는 것을 의미. 그리고 μου는 비교의 속격(genitive of comparison).

<16절>

ὅτι　16절, 17절의 ὅτι는 둘 다 '왜냐하면'(for)의 뜻.

ἡμεῖς πάντες　**우리 모두가**(we all). '우리 모두'라는 사실이 강조되어 있다.

ἐλάβομεν   λαμβάνω의 아오리스트.

χάριν ἀντὶ χάριτος   전치사 ἀντί(+ 속격)는 원래 '…의 반대편에, 맞은편에'(over against)의 뜻이다. 따라서 이것은 '형평'(equivalence)의 개념을 내포하고 있으며, 나아가서 '대체'(substitution)의 개념도 가질 수 있다(Zerwick, §92). 요 1:16에서 ἀντί를 '대체'의 개념으로 보면 '모세(율법)의 은혜를 대체하는 예수님의 은혜'라는 의미가 된다. 그러나 이것은 구약과 신약 사이에 '대립 관계'를 가져온다. 따라서 우리는 여기의 ἀντί를 '계승'(succession) 개념으로 볼 수 있다(Zerwick, §95). 그렇다면 그 뜻은 '은혜를 뒤이은 은혜'(one grace after another), '은혜 위의 은혜'(grace upon grace)가 된다.

그 다음에 생각할 것은 이 부분이 문장 속에서 어디에 걸리느냐 하는 문제인데, χάριν이 대격이므로(χάρις, χάριτος, χάριτι, χάριν) 같은 구절의 ἐλάβομεν의 목적어로 보아야 한다. 즉, **(왜냐하면) 그의 충만한 것에서부터 우리 모두가 또한 은혜 위의 은혜를 받았기 때문이다.**

<17절>

ἐδόθη   δίδωμι의 아오리스트 수동태.
* 이 동사의 기본형을 잘 익혀 두자.

δίδωμι - δώσω - ἔδωκα - δέδωκα

수) ἐδόθην

<18절>

ἑώρακεν   ὁράω(**보다**)의 완료.
         * 이 동사의 기본형을 잘 익혀 두자.
         ὁράω - ὄψομαι - εἶδον - ἑώρακα

πώποτε   어느 때든지, 한 번이라도(ever, at any time).
         οὐδείς와 합하여 no one … ever …

μονογενὴς θεός   **독생하신 하나님이**. 앞에 관사가 있든 없든 유일하신 성자 하나님을 가리키는 데는 변함이 없다. 그러나 사실 많은 사본들이 ὁ μονογενὴς υἱός를 가지고 있는데, NA/UBS 편집자들이 취하지 않았다. 앞 뒤 문장의 흐름상 ὁ μονογενὴς υἱός가 더 자연스럽다(**아버지의 품속에 있는 독생하신 아들이** …). 그리고 뒤에 수식어(분사 구문)에는 관사가 있는데 앞에 관사가 없는 것도 어색하다.

ὁ ὤν   관사 + εἰμί 동사의 현재 분사 = **있는 자**(남성).

εἰς τὸν κόλπον τοῦ πατρός   **아버지의 품속에 있는**. 여기서 εἰς는 ἐν의 의미에 가깝다. Hellenistic Greek에서 εἰς는 가끔 ἐν의

	의미를 가진다. 그러나 요한이 여기서 ἐν 대신 εἰς를 사용함으로써 성자와 성부 사이의 역동적이고 친밀한 교제의 관계를 나타낸다고 볼 수 있다(1절의 πρός 참조; cf. Zerwick, §102, §103). πατρός는 πατήρ의 속격.
ἐκεῖνος	앞에 있는 ὁ μονογενὴς υἱὸς ὁ ὢν εἰς τὸν κόλπον τοῦ πατρός를 다시 받는다. **저(그)가.**
ἐξηγήσατο	ἐξηγέομαι의 아오리스트(ἐξηγησάμην). **알리다(make known), 나타내다(reveal).** 영어의 exegesis란 말도 여기서 나왔다. 독생자 예수님이 하나님 아버지를 우리에게 나타내(계시해) 주신다.

<19절>

αὕτη	지시 대명사 οὗτος의 여성형.
ὅτε	접속사. … 때에(when).
ἀπέστειλαν	ἀποστέλλω의 아오리스트(기본형에서 외워서 안다). 3인칭 복수(cf. ἔλυσαν).
ἐρωτήσωσιν	ἐρωτάω의 가정법 아오리스트. ἵνα + 가정법 = 목적절.

ἐρωτάω 동사는 대격을 취한다(누구에게 묻다).

<20절>

ὡμολόγησεν   ὁμολογέω(ὁμό + λογέω = 같은 것을 말하다). ὁμολογέω는 1) **동의하다, 승인하다**; 2) **고백하다, 자백하다**의 의미를 가진다. 여기서는 '**드러내어 놓고 말하다**'(declare publicly)의 의미.

ἐγώ   주어가 (약간) 강조되어 있다. 왜냐하면 여기서는 '세례 요한'이 누구냐가 질문의 내용이기 때문에 요한은 자기가 누구임을 말해야 하기 때문이다.

<21절>

Τί οὖν   그러면 무엇이냐? (약간 감정이 섞인 표현)

λέγει   현재 시상. 앞에서 아오리스트로 쭉 나오다가 왜 현재 시상으로 나오는 것일까?
1) 역사적 현재(생생한 표현)? - 그렇게 보기 어렵다. 왜냐하면 앞뒤에 아오리스트.
2) 지속적(반복적) 동작? - 여기서는 이 동작이 특별히 지속적이거나 반복적이라고 보기 어렵다.
3) 문체상의 변화!-사도 요한은 단순히 그의 문체에 변

화를 주기 위해 아오리스트와 현재 시상을 번갈아 가며 사용하고 있다고 생각된다.

ἀπεκρίθη   ἀποκρίνομαι의 아오리스트(수동태). ἀποκρίνομαι 동사는 아오리스트에서 주로 수동태 꼴을 취한다(신약에서 195번). 뜻은 변함없이 능동이다(디포). 중간태 꼴인 ἀποκρινάμην도 드물게 사용되는데(신약에서 7번), 이 형태는 Hellenistic Greek에서 아마도 '엄숙한' (solemn) 표현이었을 것으로 생각된다(cf. Zerwick, §29).

εἶπαν   λέγω의 아오리스트 (3 복). 제2 아오리스트 3인칭 복수는 원래 εἶπον이지만, Hellenistic Greek에서는 어미 -αν을 붙인 형을 많이 사용한다. 그 이유는 1 인칭 단수와의 혼동을 피할 수 있기 때문이다.

<22절>

δῶμεν   δίδωμι의 아오리스트 가정법. 이것이 가정법임을 어떻게 알 수 있는가? 1) 이것이 ἵνα 절 안에 속해 있기 때문이며, 2) 또한 δῶμεν 앞에 접두 모음(augment)이 붙어 있지 않기 때문이다.

* δίδωμι 동사의 기본형을 잘 외워 두도록 하자. 이 동사 형태에서 중요한 것은 현재 시상에서는 δι가 붙어서

줄기가 길지만 다른 시상에서는 δι가 탈락하여 줄기가 짧아진다는 것이다. 이 사실은 모든 법과 형태(직설법, 가정법, 부정사, 분사, 명령법 등)에 다 해당된다.

δίδωμι - δώσω - ἔδωκα - δέδωκα
 부) διδόναι   부) δοῦναι
 분) διδούς   분) δούς
 명) δίδου   명) δός

πέμψασιν   πέμπω(**보내다**)의 아오리스트 능동태 분사(남성 복수 여격).

<23절>

ἔφη   φημί 동사의 아오리스트(능 직). Zerwick-Grosvenor는 미완료라고 하고 UBS 판 뒤에 붙은 사전에도 미완료라고 되어 있으나, Liddell-Scott의 사전에 보면 아오리스트라고 되어 있다. 여기 본문에서는 미완료로 볼 이유가 없다. 아오리스트가 옳다고 생각된다.

βοῶντος   βοάω(**외치다**)의 현재 능동태 분사(남·단·속). 속격으로서 φωνή를 수식한다. 여기서는 명사적 용법으로 사용되었다. 즉, '외치는 자'의 소리. '외치는' 소리

가 아니다. 그렇게 되려면 φωνή와 βοῶντος의 격이 같아야 한다.

εὐθύνατε   εὐθύνω(곧게 하다)의 아오리스트 능동태 명령법. 아오리스트 능동태 명령법에는 원래 -σατε가 붙어야 하나 εὐθύνω는 ν로 끝나는 유음 동사이기 때문에 σ가 생략되었다.

καθώς   접속사. … **처럼(as)**.

<24절>

ἀπεσταλμένοι ἦσαν   periphrastic construction?

ἐκ τῶν Φαρισαίων   바리새인들 중에서 어떤 이들이. 여기서 ἐκ는 '… **중에서 일부**'(some of …)라는 의미이다. 이러한 의미로 사용되는 ἐκ를 "partitive use of ἐκ"라고 부른다 (cf. A. T. Robertson, *A Grammar of the Greek New Testament*, 599).

<25절>

τί   **어찌하여, 왜**(= διὰ τί).

제2부 강독편

εἰ + 직설법 = 조건절. a real condition. 여기서는 조건문의 내용을 전제하고서, 그렇다면 어떠어떠한 결론이 따르지 않겠는가를 귀결문에서 말하는 형식이다. 따라서 이럴 경우에 εἰ는 "if therefore" 또는 "if indeed"의 의미로 번역될 수 있다(Zerwick, §305ff).

οὐκ … οὐδὲ … ·οὐδέ   … neither … nor … nor …

<26절>

ἐγώ   '내 뒤에 오시는 이'와 서로 대비되기 때문에 ἐγώ가 여기 사용되었다.

βαπτίζω   현재 시상. 왜 현재 시상이 사용되었을까?
① 현재 일어나고 있는 일?
② 지속적 동작?
③ 일상적 활동을 가리킨다(!).

ἐν ὕδατι   **물로(with water).** 여기서 ἐν은 '수단적'(instrumental) 의미로 사용되었다. ὕδατι는 ὕδωρ의 (중성 단수) 여격.
※ Hellenistic Greek에서 ἐν은 아주 넓은 의미로 사용되었다. 그 주요한 의미는 ① in(안에), ② with, by(로) 이다.

ἕστηκεν	ἵστημι의 완료. 뜻은 현재(서 있다).
	*ἵστημι의 기본형을 잘 외워 두자.
	ἵστημι - στήσω - ἔστησα - ἕστηκα
οἴδατε	완료. οἶδα는 형태는 완료이지만 뜻은 현재이다. 과거의 뜻이 되려면 과거 완료 ᾔδειν을 사용한다.

<27절>

ὁ ἐρχόμενος	**오는 자, 오시는 이**(the coming one, the one who comes). 여기서 <관사 + 현재 분사>는 시제나 시상과 별 상관없이 '…하는 사람'을 뜻한다. 예를 들어 ὁ πιστεύων은 '믿는 사람'을 뜻하고 따라서 '신자'(believer)와 거의 같은 뜻이다.
οὗ	관계 대명사(남·단·속). 여기서 속격이 사용된 이유는 형용사 ἄξιος에 걸리기 때문이다.
ἄξιος	… **에 합당한**(worthy). 속격을 취한다.
ἵνα …	ἄξιος에 걸린다. 따라서 ἄξιος는 관계 대명사 οὗ와 ἵνα절, 두 개를 지배하고 있다.

제2부 강독편

λύσω   아오리스트 가정법(미래 직설법과 형태가 같으나 여기서는 ἵνα 절 안에 오므로 아오리스트 가정법이다).

ἱμάντα   ἱμάς, ἱμάντος, ὁ, **신발 끈**.

ὑπόδημα   **신(sandal)**.

<28절>

ταῦτα … ἐγένετο   중성 복수가 주어로 사용될 때에는 단수 동사를 취할 수 있다.

Βηθανία   오리겐은 세례 요한이 세례 주던 곳이 정확히 어딘지 알기 위해 직접 팔레스타인을 방문하여 예루살렘 사람들에게 물었다고 한다. 그러자 그들이 대답하기를, 그 곳은 Βηθανία가 아니라 Βηθαβαρᾶ였다고 한다. 오리겐은 이 지역이 어원상으로도 옳다고 보았다. 그러나 어떤 주석가들은 그 당시 오리겐이 예루살렘 주민들로부터 잘못된 정보를 들었을 수도 있다고 본다(Morris). 한편 F. W. Grosheide는 오늘날 우리에게 알려져 있지는 않지만 그 당시에 요단 강변에 또 다른 Βηθανία가 있었을 수 있다고 본다.

πέραν   넘어서, 건너편에(across, on the other side of).

ὅπου   where.

ἦν … βαπτίζων   세례 주고 있었다(was baptizing). 이것 periphrastic construction을 이루고 있어서 '진행적 동작'을 더욱 강조한다. Cf. 눅 2:51의 ἦν ὑποτασσόμενος(지속적 순종을 강조).

<29절>

τῇ ἐπαύριον   관용구로서 **그 다음 날에**(on the next day).

ἐρχόμενον   분사의 서술적 용법. 이 분사의 의미상의 주어는 대격인 τὸν Ἰησοῦν이다.

ἴδε   감탄사. **보라!**(look! behold!). 이 단어를 명령법으로 볼 수가 없는 이유는 그 다음에 나오는 단어가 ὁ ἀμνός로서 주격형이 오기 때문이다.

αἴρων   αἴρω(take up, take away)의 현재 분사. ὁ αἴρων은 <관사 + 현재 분사>로서 '… 하는 사람'을 가리킨다.

<30절>

περὶ οὗ   about whom. 여기서는 선행사를 포함하고 있다고 보아야 한다(the man about whom).

ὀπίσω μου ἔρχεται ··· ὅτι πρῶτός μου ἦν. 15절의 설명을 보라.

<31절>

κἀγώ   = καὶ ἐγώ (나도, I too).

ᾔδειν   οἶδα의 과거 완료(뜻은 과거). οἶδα는 완료(뜻은 현재).

φανερωθῇ   φανερόω(나타내다)의 아오리스트 수동태 가정법. ἵνα와 함께 목적을 나타낸다.

διὰ τοῦτο   이 때문에. 바로 앞에 나오는 ἵνα 절의 내용을 받는다. 목적절을 이유를 나타내는 διὰ τοῦτο로 받은 것은 목적의 의도가 아주 강화되었다고 볼 수 있다.

ἐν ὕδατι   물로(with water). 여기서 ἐν은 수단(instrument)을 나타낸다.

βαπτίζων   이 분사는 여기서 '목적'의 의미로 사용되었다. **세례 주러**(in order to baptize). '목적'을 나타낼 땐 대개 부정사가 사용되나 여기서처럼 분사가 사용되기도 한다(cf. B-D-R, §18,4).

<32절>

ἐμαρτύρησεν   μαρτυρέω의 아오리스트(aorist).

τεθέαμαι   θεάομαι의 완료. θεάομαι는 βλέπω나 ὁράω보다는 좀 더 **주목하여 보다**(to look at, observe)의 뜻.

καταβαῖνον   καταβαίνω의 현재 능동태 분사 (중성 단수 대격). 바로 앞에 있는 τὸ πνεῦμα가 의미상의 주어이다. 현재 시상을 사용한 것은 성령이 내려오시는 그 장면을 생생하게 보여주기 위함이다.

ὡς   처럼, 같이(as).

περιστερά   비둘기(dove). 비둘기는 '온순함, 화평, 순결'의 상징.

ἔμεινεν   μένω의 아오리스트. 줄기가 변했다(* 기본형을 외울 것). 여기서 아오리스트를 사용한 것은 성령이 비둘기

처럼 그들 위에 '머물렀다'는 사실을 단순히 표현하기 위함이다. 즉, 사실 자체를 묘사(global aorist).

<33절>

κἀγώ	= καὶ ἐγώ (나도, 나도 역시).
ᾔδειν	οἶδα의 과거 완료(뜻은 과거).
πέμψας	πέμπω의 아오리스트 분사.
βαπτίζειν	βαπτίζω의 부정사. 목적을 나타낸다.
ἐφ' ὃν ἄν	upon whomsoever..., upon anyone on whom... * ὅς … ἄν은 whosoever(… 하는 자는 누구든지).
ἴδῃς	ὁράω의 아오리스트 가정법. < ὅς ἄν + 아오리스트 가정법>은 '궁극성'(eventuality) 또는 '일반성'(generality)을 가리킨다(Zerwick, §335).
μένον	μένω의 현재 분사(중성·단수·대격).
ἐπ' αὐτόν	앞에 ἐφ' ὅν이 나왔기 때문에 여기의 ἐπ' αὐτόν은 문

법적으로 불필요하다. 그럼에도 불구하고 부언적으로 다시 온 것은 의미를 좀 더 분명하기 위한 것이다 (pleonastic use; cf. Zerwick, §201).

ὁ βαπτίζων   〈관사 + 현재 분사〉는 '… 하는 사람'을 가리킨킨다 (동작의 시제와 무관하다).

ἐν πνεύματι ἁγίῳ   **성령으로**(with/by the Holy Spirit). 여기서 ἐν은 '수단적으로'(instrumentally) 사용되었다.

<34절>

ἑώρακα   ὁράω의 완료. *기본형 외울 것.

μεμαρτύρηκα   μαρτυρέω의 완료.

ὅτι   … **라는 것을**(접속사 that).

<35절>

τῇ ἐπαύριον   the next (day). 뒤에 ἡμέρα가 생략되어 있다고 볼 수 있다.

εἱστήκει   ἵστημι의 과거 완료(plpf.).

*ἵστημι - στήσω - ἔστησα - ἕστηκα - εἱστήκειν
(ἔστην)

ἐκ τῶν μαθητῶν αὐτοῦ   그의 제자들 중에서. 여기서 ἐκ는 '가운데서'
(among)의 뜻. 즉, '부분적 속격'(partitive genitive).

<36절>

ἐμβλέψας   ἐμβλέπω의 아오리스트 분사. ἐμβλέπω는 **'자세히 보다, 주목해서 보다'**(look at, observe)의 의미를 가진다.

περιπατοῦντι   περιπατέω의 현재 능동태 분사(남성 단수 여격).
τῷ Ἰησοῦ와 격이 같다. 따라서 τῷ Ἰησοῦ를 설명하는 분사로서 서술적 용법.

ἴδε   감탄사. **보라!**(behold!).

ἀμνός   어린 양.

<37절>

αὐτοῦ λαλοῦντος   이 단어들은 독립 분사 구문을 이루고 있다. 즉, '

절대 속격'(genitive absolute) 구문이다. **그가 말하고 있을 때에**. αὐτοῦ를 앞으로 붙여서 '그의 두 제자들이'라고 하는 것은 어색하다. 왜냐하면 그렇게 되면, λαλοῦντος가 따로 고립되기 때문이다.

ἠκολούθησαν　ἀκολουθέω(따르다)의 아오리스트 능동태. 수동태가 아니다. θη는 원래 어근에 θε가 들어 있어서 온 것이다. 이 단어는 여격을 취한다.

<38절>

στραφείς　στρέφω(turn, turn back)의 아오리스트 수동태 분사. 아오리스트 수동태 직설법은 ἐστράφην인데, 줄기 στραφ에 분사 꼬리가 붙었다(남성 단수 주격; cf. λυθείς). στρέφω 동사는 자동사의 의미(돌아서다)를 가질 때에는 주로 수동태가 사용된다.

θεασάμενος　θεάομαι의 아오리스트 중간태(디포) 분사. θεάομαι는 **'자세히 보다'**의 의미.

ἀκολουθοῦντας　남성 복수 대격(현재 능동태 분사). 따라서 바로 앞에 있는 αὐτούς를 설명하고 있다. 그래서 θεασάμενος αὐτούς ἀκολουθοῦντας는 마치 영어의 5형식 문장

처럼 되어 있다. 그들이 따르는 것을(예수께서) 보시고서.

τί   무엇을? 액센트가 있는 τί는 의문 대명사.

εἶπαν   εἶπον 대신에 사용되었다. Hellenistic Greek에서 제2 아오리스트 3인칭 복수의 어미로 -ον 대신에 자주 -αν 이 사용되었다(단수 1인칭 어미와의 구별을 위해).

Ῥαββί   (히: רַבִּי 나의 큰 자). my lord, my master (선생을 부르는 아람어식 표현).

ὃ λέγεται   what it is said, which means.

μεθερμηνευόμενον   μεθερμηνεύω의 현재 수동태 분사. μεθερμηνεύω 는 μετά(전환의 의미) + ἑρμηνεύω(해석하다)의 합성어. 뜻은 **번역하다**(translate). 따라서 ὃ λέγεται μεθερμηνευόμενον의 뜻은 '**번역하면 … 을 뜻한다**'(which, when translated, means)가 된다.

Διδάσκαλε   호격. 선생님이여 또는 선생님!

<39절>

ἔρχεσθε   현재 중간태 명령법.

ὄψεσθε   ὁράω의 미래 직설법.

                 * ὁράω - ὄψομαι - εἶδον - ἑώρακα

                 <사본상의 문제> NA/UBS판의 ὄψεσθε는 소수의 이집트 사본들을 따른 것이다. 그러나 대다수의 사본들은 명령형인 ἴδετε를 가지고 있다. "와서 보라"는 뜻을 가진 명령형이 훨씬 자연스럽고 많이 나타나는 관용적 표현이다(요 1:46; 4:29 등).

ποῦ μένει   현재 능동태 직설법. 헬라어는 간접화법에서 직접 화법의 시제를 그대로 사용한다(Zerwick, §346).

παρ' αὐτῷ   그의 곁에, 그와 함께.

ἦλθαν, εἶδαν   각각 ἔρχομαι와 ὁράω의 아오리스트(2 aor.) 3인칭 복수. * 기본형을 잘 외울 것.

ἔμειναν   μένω의 아오리스트(3인칭 복수). μένω의 아오리스트는 원래부터 ἔμεινα이다.

                 * 기본형을 외울 것.

ἡμέραν ἐκείνην　　**그날에.** 여기서 대격이 온 것은 '시간의 범위'를 나타내는 대격'이다.

ὥρα ἦν ὡς δεκάτη　　**시간은 약 제10시쯤이었다.**

〈참고〉 여기서 '제10시'란 언제일까? 많은 사람들은 유대식 시간으로 계산해서 오후 4시로 본다. 그러나 이것보다는 로마식 시간으로 계산해서 오전 10시로 보는 것이 더 타당하다고 본다. 물론 시간 문제는 복잡하고 어려운 것이긴 하지만(cf. L. Morris, *The Gospel according to John*, 1971, p. 158 n. 90 참조), 이렇게 보는 데는 다음 두 가지 이유가 크게 작용하고 있다.

첫째는 요한은 약 90년대에 소아시아에서 주로 이방인들 가운데 살고 있는 그리스도인들에게 이 복음서를 쓰고 있다. 따라서 그들의 시간 계산 방식인 로마식 시간을 따라 말했을 가능성이 매우 크다.

둘째로 결정적인 이유는 요 19:14에 빌라도가 재판석에 앉은 시각이 '제6시'라고 말하고 있기 때문이다. 그런데 막 15:25에 보면 예수님께서 십자가에 못 박히신 시각은 제3시(곧 아침 9시)라고 한다. 그리고 제6시(낮 12시)부터 제9시(오후 3시)까지는 온 땅에 어두움이 임하였다고 한다(마 27:45; 막 15:33). 그렇다면, 빌라도가 재판석에 앉은 요 19:14의 '제6시'는 유대식 시간이 될 수가 없고 로마식 시간이 될 수밖에 없다(아침 6시). 이런 맥락에서 요 4장의 사마리아 여인이 물 길러 온 시간(제6시)도, 통속적으로 이해되어 온 낮 12시가 아니라 저녁 6시로 보는 것이 옳다고 생각된다. 물 길러 오는 시간은 일반적으로 저녁

시간이며, 그 여자가 부끄러워서 일부러 낮 시간에 나왔을 것이라는 것은 본문에 맞지 않는 추측에 불과하다. 그 여자의 말과 행동을 볼 때 그 여자는 부끄러워하는 것과는 거리가 먼 여자였다. 뿐만 아니라 예수님께서 행로에 곤하여 우물곁에 주저앉으셨다는 사실도 저녁때임을 강력히 시사하며, 제자들이 먹을 것을 사러 시내로 들어간 것도 저녁때임을 암시한다.

<40절>

ἀκουσάντων   아오리스트 능동태 분사(남 · 복 · 속). τῶν δύο를 한정한다. τῶν δύο가 속격이기 때문에 ἀκουσάντων도 속격을 취했다.

ἀκολουθησάντων   아오리스트 능동태 분사(남 · 복 · 속). 역시 τῶν δύο를 한정한다. αὐτῷ가 여격으로 온 것은 ἀκολουθέω 동사가 여격을 취하기 때문이다.

<41절>

πρῶτον   부사. **먼저(first)**.

εὑρήκαμεν   εὑρίσκω(**발견하다**)의 완료.
　　　　　　　＊ εὑρίσκω - εὑρήσω - εὗρον - εὕρηκα

ὅ ἐστιν μεθερμηνευόμενον   which is to say, when translated.

<42절>

ἤγαγεν   ἄγω의 아오리스트(3 단).
               * ἄγω - ἄξω - ἤγαγον

ἐμβλέψας   ἐμβλέπω(**주목하여 바라보다**)의 아오리스트 분사.

σὺ εἶ Σίμων … 여기에 인칭 대명사 σύ가 사용된 것은 베드로를 지칭
               하여 그가 누구인가를 말하기 때문이다.

κληθήσῃ   καλέω의 미래 수동태 직설법(2인칭 단수).
               * 현재 중간태/수동태의 2인칭 단수꼴(λύῃ)을 잘 익혀 두자.

ὃ ἑρμηνεύεται which is interpreted, 즉, which means.

<43절>

τῇ ἐπαύριον   그다음 날에(on the next day).

ἠθέλησεν   θέλω의 아오리스트 능동태 직설법.

〈참고〉그런데 왜 ἐθέλησεν이 아닌 ἠθέλησεν이 되었을까? 그 이유는 다음과 같다. 옛날 에게해 주변에서는 θέλω 외에 ἐθέλω라는 형태도 사용되었는데, 이 ἐθέλω에서 아오리스트형 ἠθέλησα가 형성되었다. 그러나 옛날 희랍 서사시(Epic)에서는 또한 ἐθέλησα도 나타난다(Liddell-Scott, s.v. ἐθέλω or θέλω).

ἐξελθεῖν   ἐξέρχομαι의 아오리스트 능동태 부정사. ἠθέλησεν에 연결된다.

ἀκολούθει   ἀκολουθέω(**따르다**)의 현재 능동태 명령법(2 단).
* 현재 능동태 명령법 2인칭 단수는 λῦε인데 여기서는 어미가 왜 -ει가 되었을까? 그 이유는 다음과 같다. ἀκολούθε + ε (ε + ε → ει) → ἀκολούθει.

<45절>

ὃν ἔγραψεν Μωϋσῆς ἐν τῷ νόμῳ καὶ οἱ προφῆται 모세가 율법에 기록하고 선지자들이 기록한 그분을(εὑρήκαμεν의 목적절).

Ἰησοῦν υἱὸν τοῦ Ἰωσήφ … Ἰησοῦν과 υἱὸν τοῦ Ἰωσήφ는 동격. 그리고 이것들은 또한 ὅν 이하의 관계절(목적절)과 동격. τὸν ἀπὸ Ναζαρέτ는 υἱὸν[τοῦ Ἰωσήφ]를 한정한다.

<46절>

τι ἀγαθόν 어떤 선한 것(something good). τι는 부정 대명사.

εἶναι εἰμί의 부정사. 따라서 이 부분을 정확히 번역하면 "나사렛에서 어떤 선한 것이 있을 수 있느냐?" 어떤 선한 것이 날 수 있느냐 정도가 아니라, 어떤 선한 것이 있을 수 있느냐고 말하고 있다. **출생** 정도가 아니라 **존재** 가능성 자체를 부정하고 있다.

ἔρχου ἔρχομαι의 현재 중간태 명령법 (2 단).

ἴδε ὁράω의 아오리스트 명령법. '오는 것'은 지속적 동작으로, '보는 것'은 단회적 동작으로 묘사하고 있다.

<47절>

ἐρχόμενον 현재 시상. 나다나엘이 '오고 있는 것'(지속적 동작)을 예수님께서 보셨다.

ἴδε 여기서는 감탄사. **보라(Behold! Look!)**.

ἀληθῶς **참으로, 진실로.**

Ἰσραηλίτης　　이스라엘 사람. 여기서는 '참 이스라엘 사람'을 뜻한다. 나다나엘은 육적으로 당연히 이스라엘 민족이었지만, 하나님께 보실 때 참된 이스라엘 사람이란 뜻이다(롬 2:28-29; 9:6-9).

ἐν ᾧ　　in whom.

δόλος　　원래는 '미끼'(bait)라는 뜻. 그래서 '속이는 것', '간사함'(deceit), '교활함'(guile)이란 뜻을 가지게 되었다. '참 이스라엘 백성'의 특징은 무엇보다도 '간사함', '거짓'이 없다는 것이다. 곧 '정직함'과 '진실함'이 참 하나님 백성의 표이다.

οὐχ ἔστιν　　**없다**. 여기서 ἔστιν은 **있다**(존재)의 의미.

<48절>

πόθεν　　어디로부터(from where)? 어떻게?

πρὸ τοῦ σε　　Φίλιππον φωνῆσαι **빌립이 너를 부르기 전에**. ⟨πρὸ τοῦ + 부정사⟩는 '…하기 전에'(before).

φωνῆσαι　　φωνέω(**부르다**)의 아오리스트 부정사.

ὄντα   εἰμί 동사의 현재 분사(남·단·대).

συκῆ   무화과나무.

εἶδον   ὁράω의 아오리스트 직설법(1 단). **내가 보았다.**

<49절>

σὺ εἶ   you are. 예수님이 누구신가를 고백하기 때문에 '당신은'에 조금 힘이 들어간다. 그래서 인칭대명사 σύ가 사용되었다.

βασιλεὺς εἶ τοῦ Ἰσραήλ   앞의 ὁ υἱὸς τοῦ θεοῦ에는 관사가 붙었지만 여기 βασιλεὺς τοῦ Ἰσραήλ에는 관사가 없다. 왜 그런가? 어떤 주석가들은 이 사실을 두고서 복잡한 신학적 설명을 시도하기도 하지만, 그 이유는 간단한 문법적 사실에 있다. 즉, 앞의 경우에는 술어(υἱός)가 εἰμί 동사 뒤에 오지만, 뒤의 경우는 술어(βασιλεύς)가 동사 앞에 온다. 이 후자의 경우에는 관사가 붙지 않는 것이 일반적이다. 이것을 가리켜 소위 "Colwell의 법칙"이라고 부른다(☞ E. C. Colwell, art. in: *JBL* 52(1933), 12-21; cf. Zerwick, §175).

<50절>

ὅτι … ὅτι　　처음 나오는 ὅτι는 '때문에'(because)라는 뜻이고 두 번째 나오는 ὅτι는 '라는 것을'(… that)이라는 뜻이다.

ὑποκάτω　　**아래에(under)**.
μείζω = μείζονα. μέγας의 비교급 μείζων의 중성 복수 대격(**더 큰 것들을**).

* §42에서 μείζων의 변화를 확인해 보자.

τούτων　　비교의 속격(genitive of comparison).

ὄψῃ　　ὁράω의 미래 2인칭 단수.
* ὁράω – ὄψομαι – εἶδον – ἑώρακα

<51절>

ὄψεσθε　　ὁράω의 미래 2인칭 복수.

ἀνεῳγότα　　ἀνοίγω의 완료 능동태 분사(남 단 대). 뜻은 자동사. **열리다(open, be opened)**. ἀνοίγω는 원래 타동사이나 완료형에서는 자동사의 의미를 가진다.

* ἀνοίγω – ἀνοίξω – ἀνέῳξα – ἀνέῳγα (자세한 것은 사전

을 찾아서 확인하기 바람).

ἀναβαίνοντας καὶ καταβαίνοντας   둘 다 현재 분사. 지속적인, 반복적인 동작이 강조되어 있다. **오르락내리락 하는 것을**.

II. 로마서 8장

<1절>

οὐδέν   **not any, no.**   여기서는 κατάκριμα를 수식한다.

ἄρα νῦν   **그러므로 이제**. 여기서 이 표현은 앞에서 말한 것들로부터 추론된 결론을 말하기 위해 사용되었다.

κατάκριμα   κατά(**의미 강화**) + κρίμα(**심판, 판단**).
                   Cf. 롬 5:16, 18.

<참고> 이 구절의 의미와 관련하여 다음과 같은 견해들이 있다.

1) 은혜주의자들) 그리스도 예수 안에 있는 자들에게는 어떠한 징계나 책망도 없다. → 그러나 성경은 징계가 없는 자는 사생자요 참 아들이 아니라고 한다(히 12:8).

2) 완전주의자, 경건주의자들) 성령을 좇아 행하는 사람은 성령의 도우심으로 죄를 짓지 않는 삶을 살기 때문에 정죄가 없다고 함. → 그러나 이 땅에 사는 날 동안에 완전 성화는 불가능하다. 우리에게는 늘 '남은 죄'가 있다.

3) 올바른 견해) 여기서 κατάκριμα는 단호한, 결정적인 정죄, 곧 저주 또는 단죄를 뜻한다. 그래서 1절의 뜻은 "예수 그리스도 안에 있는

자에게는, 비록 잘못하여 범죄할 때에 책망과 징계는 받지만, 결코 영원한 형벌에 이르는 심판은 받지 아니한다."라는 뜻이다. 쉽게 말하자면 그리스도인은 육신의 연약함으로 말미암아 징계를 받을지라도 결코 지옥에 가는 형벌은 받지 아니한다는 뜻이다. 곧 롬 8:38-39에 있는 대로 이 세상과 저 세상의 어떤 것이라도 우리를 그리스도 안에 있는 하나님의 사랑에서 끊을 수 없다는 뜻이다.

<2절>

ὁ νόμος τοῦ πνεύματος τῆς ζωῆς   생명의 성령의 법. 여기서 νόμος를 '법전(法典)' 또는 '율법'이란 의미에서의 '법'으로 이해하면 안 된다. '성령의 법'이 따로 있는 것이 아니다. 어떤 사람은 '사랑'을 성령의 법으로 생각하나 이도 잘못이다. 구약의 율법이 신약 시대에 사랑으로 대체된 것이 결코 아니다. 여기서 νόμος는 '원리'(principle) 또는 '세력'(power)을 뜻한다. Cf. Greijdanus) '규정하는, 한정하는 능력'(eene regelende, bepalende macht). νόμος는 신약에서 여러 가지 넓은 의미로 사용되는데 이것을 잘 이해하는 것이 중요하다.

　　　　〈νόμος의 여러 의미〉
　　　① 성문화(成文化)된 일반적인 법, 법률(예: 로마의 법) - 롬 7:1(?)

② 율법(律法) - 이것도 여러 가지 의미로 사용 된다. 모세 오경, 구약 전체, 십계명을 중심으로 한 계명들 등.

③ 원리, 이치 - 롬 3:27; 7:21

④ 세력, 성향 - 롬 7:23, 25하(죄의 법)

* ④는 ③과 거의 같은 의미 범주에서 이해할 수 있다. 따라서 ④의 의미로 분류된 본문도 ③의 의미로 볼 수 있다.

* 법이 세력의 의미를 가질 수 있는 것은 다음과 같은 이유에서이다. 법은 일정한 원칙, 원리를 가지고 있어서 사물을 속박한다. 예를 들어 '만유인력의 법칙'을 생각해 보면, 그것은 사과가 밑으로 떨어지지 않을 수 없도록 하는 '강제력'(Zwangmacht)을 가지고 있다.

ἐν Χριστῷ Ἰησοῦ　　이 부분은 앞의 ὁ νόμος τοῦ πνεύματος τῆς ζωῆς를 수식한다고 볼 수도 있고, 뒤의 ἠλευθέρωσεν을 수식한다고 볼 수도 있다.

ἠλευθέρωσεν　　ἐλευθερόω(**해방하다**)의 아오리스트.

ὁ νόμος τῆς ἁμαρτίας καὶ τοῦ θανάτου　　이것을 '율법'으로 볼 수는 없다(cf. Lloyd-Jones). 왜냐하면, 1) 율법을 가리켜 결코 '죄의 법'이라고 할 수는 없기 때문이다(롬 7:7, 12 참조); 2) 만약에 이것이 '율법'을 가리키려면 νόμος와 ἁμαρτίας를 연결하는 것이 τῆς가 아니라 εἰς가 와야 할 것이다; 3)

같은 절의 바로 앞에 있는 ὁ νόμος τοῦ πνεύματος τῆς ζωῆς에서 νόμος를 '원리, 세력'으로 보았으니 여기서도 그렇게 보아야 하지 않겠는가? 4) 무엇보다도 같은 표현이 나타나는 롬 7:23의 '죄의 법'(ὁ νόμος τῆς ἁμαρτίας)을 율법으로 볼 수 없는 것이 분명하기 때문이다. 따라서 우리는 이것을 '죄와 사망의 원리, 세력'으로 보아야 한다.

<3절>

τὸ ἀδύνατον τοῦ νόμου **율법의 할 수 없는 것**(what the Law was incapable of).

ἐν ᾧ   이것은 두 가지로 이해될 수 있다고 한다(Greijdanus). 1) ἐν τούτῳ ἐν ᾧ (in that thing in which, 그 안에서); 2) ἐν τούτῳ ὅτι (in the fact that, … 라는 사실에서). 그러나 1)은 여기서 의미가 통하지 않는다. Zerwick에 의하면, 여기서 ἐν은 '인과적'(causal)으로 곧 "in that, because"로 이해하는 것만이 유일하게 의미가 통하는 것이라고 한다(Zerwick, §119; cf. 히 2:18). 그렇다면 이 구절의 뜻은 "**[율법이] 육신으로 말미암아 연약하여졌기 때문에, 율법의 할 수 없는 것을**"이 된다.

ἠσθένει   ἀσθενέω의 미완료. 우리 인간의 지속적이고 반복적인 연약함으로 말미암아 율법의 요구가 계속적으로 이루어지

지 못하고 있는 상태를 나타낸다.

πέμψας   πέμπω의 아오리스트 분사.

ἐν ὁμοιώματι   **같게, 유사하게(in likeness).** ἐν ὁμοιώματι라는 표현은 본질적으로 같으면서도 완전히 동일하지는 않은 것을 나타내는 특별한 표현이다(롬 6:5 참조). 여기서 바울은 예수님께서 우리와 동일한 사람, 곧 연약한 육신을 취하신 분이시지만, 그러나 죄는 없으신 분임을 나타내고자 한다.

σαρκὸς ἁμαρτίας   **죄 있는 육신의.** 여기서 속격 ἁμαρτίας는 '속성을 나타내는 속격'(attributive genitive) 또는 '히브리적 속격'(Hebrew genitive)이다(Zerwick, §40). σὰρξ ἁμαρτίας는 우리 인간의 연약하고 부패한 본성, 그래서 율법의 요구를 다 이루지 못하는 상태를 나타낸다.

περὶ ἁμαρτίας   **죄를 위하여.** 여기서 περί는 속죄의 의미를 가지고 있다. 곧 **죄를 속하기 위하여.** περὶ ἁμαρτίας는 뒤의 κατέκρινεν과 연결시킬 것이 아니고 앞의 분사 πέμψας 와 연결시켜야 한다(왜냐하면 περὶ ἁμαρτίας 앞에 καί 가 있어서 καὶ περὶ ἁμαρτίας를 주절로 연결시키기는 곤란하다). 만일 περὶ ἁμαρτίας를 κατέκρινεν으로 연결시키면, 그 앞에 나오는 ὁ θεὸς … ἁμαρτίας가 공중

에 뜨게 된다.

κατέκρινεν   κατακρίνω의 아오리스트. 물론 문법적으로는 미완료도 가능하지만 내용상으로 아오리스트가 옳다. κατέκρινεν τὴν ἁμαρτίαν은 죄를 정죄, 단죄, 저주하셨다는 뜻. 이는 곧 예수님의 십자가상의 [단번의] 죽으심을 뜻한다.

ἐν τῇ σαρκί   **육신에.** κατέκρινεν과 연결된다(Grosvenor).

<4절>

ἵνα +가정법   = 목적(… **하기 위하여**)

δικαίωμα   하나님에 의해 율법에 의로 규정된 것(cf. 롬 1:32; 2:26; 5:16, 18). **의(義), 요구**.

πληρωθῇ   πληρόω의 아오리스트 수동태 가정법. 여기서 아오리스트는 단회적 동작 곧 단번의 성취를 뜻한다. 이것은 곧 예수 그리스도의 십자가에서의 단번의 성취를 뜻한다. 우리의 육신의 연약함의 문제도 결국 예수님의 십자가에 의해 단번에, 대속적으로 이미 이루어졌다(과거의 역사적 사실). 우리의 노력으로 이루어 가는 것이

아니다.

τοῖς μὴ κατὰ σάρκα περιπατοῦσιν ἀλλὰ κατὰ πνεῦμα   이 부분의 분사 구문은 바로 앞의 ἡμῖν과 동격(apposition). 우리들 가운데서 '육신을 좇아 행하지 않고 성령을 좇아 행하는 자들'이 아니라, 우리들 곧 '육신을 좇아 행하지 아니하고 성령을 좇아 행하는 자들'이란 뜻이다(Greijdanus 참조). 여기서 μή는 Hellenistic Greek에서의 일반적 용법(用法)을 따라, Classical Greek에서처럼 '조건'이나 '가정'을 가리키는 것이 아니라 οὐ와 마찬가지로 사실(a matter of fact)을 가리킨다(Zerwick, §441). 즉, 직설법이 아니기 때문에 μή가 왔을 따름이다.

περιπατοῦσιν   περιπατέω의 현재 능동태 분사 남성 복수 여격. 여기서 현재 시상은 '일상적 행함'을 뜻한다.

<5절>

οἱ κατὰ σάρκα ὄντες   **육신을 따라 있는 자**. 여기서 περιπατοῦντες를 사용하지 않고 ὄντες를 사용한 것이 특이한데, 이것은 4절의 '육신을 좇아 행하는 것'이 한 두 번의 특수한 행동이 아니라 불신자의 일상적인 삶을 가리킨다는 것을 나타낸다. 그러한 것이 이미 4절의 περιπατοῦσιν의 현재

시상에도 나타나 있지만, 여기 5절에서는 오해의 소지가 없도록 확실하게 ὄντες라는 동사를 사용하여 그것을 표현하고 있다. '육신을 따라 있는 자' 곧 '늘 육신을 따라 행하는 자'. 이것은 곧 그리스도 밖에 있는 자들의 일상적 삶의 모습을 말한다.

τὰ τῆς σαρκός   **육신의 일들**(the things of the flesh).

φρονέω   **생각하다.** 단순히 지적(知的)인 생각만이 아니라 知·情·意 전체로 생각하고 원하고 욕구하는 것.

οἱ κατὰ πνεῦμα   **성령을 따라 있는 자** 곧 **성령을 따라 사는(행하는) 자.** πνεῦμα 다음에 ὄντες가 생략되어 있다.

τὰ τοῦ πνεύματος   **영 또는 성령의 일들** 곧 **영적인 일들.**

<6절>

φρόνημα   φρονέω의 명사형. **생각**(知·情·意 전체로 생각하고 원하고 욕구하는 것).

<7절>

διότι = ὅτι (왜냐하면)

ἔχθρα 여성 명사(형용사가 아니다. 형용사가 되려면 ἐχθρόν 이 와야 함). 적, 적대 관계(enmity).

εἰς θεόν 하나님을 향하여, 하나님을 대하여.

ὑποτάσσεται ὑποτάσσω(굴복시키다)의 현재 수동태. 굴복하다. 여격을 취함.

δύναται < δύναμαι. 할 수 있다(can, be able to).

<8절>

ἀρέσαι ἀρέσκω(기쁘게 하다)의 아오리스트 부정사. 여격을 취함.
* ἀρέσκω의 아오리스트 직설법은 ἤρεσα.

<9절>

εἴπερ 만일 … 정말 그러하다면(if indeed, if it is true that …).

제2부 강독편

εἴπερ 이하의 문장은 사실이다. 사실에 기초해서 가정적으로 말한다.

οἰκέω   **거주하다(dwell). 집**(οἶκος) **삼아 살다.**

αὐτοῦ   소유 대명사. **그의 것(사람).** 즉, **그리스도의 사람, 그리스도인.** Cf. 갈 3:29. 따라서 모든 그리스도인은 성령을 가지고 있다. 성령을 가지고 있는 사람은 '성령 안에' 있으며 '성령을 좇아' 있으며 '성령을 좇아 행하는 자'이다.

<10절>

νεκρός, ά, όν   **죽은, 죽은 상태에 있는(dead).** 지속적인 상태를 나타낸다. 우리 인간의 몸은 늘 연약하고 병들기 쉽고 결국은 죽을 운명에 처해 있다. 이것은 구속받은 후에도 마찬가지이다. 왜냐하면 우리에겐 아직도 죄의 요소가 남아 있기 때문이다.

διὰ ἁμαρτίαν   **죄를 인하여.**

τὸ πνεῦμα ζωή   **영은 생명이다.** 즉, 우리의 영은 살아 있는 상태에 있다. 예수 그리스도의 의를 힘입어 즉시 하나님을 향하여 반응하며 하나님을 기뻐하고 즐거워한다.

〈참고〉 여기서 사도 바울은 이원론은 아니지만 영과 육 사이에 조심스런 구별을 하고 있는 것을 알 수 있다. 통일교에서는 예수께서는 우리의 영은 구원하셨지만 육은 구원하지 못했다고 한다. 그래서 이제 문 예수가 우리의 몸을 구원한다고 한다(참람한 말이다). 그러나 성경은 그리스도께서 "다 이루셨다."라고 말한다(요 19:30). 즉, 우리 예수님께서는 우리의 영과 육 전체를 다 구원하셨다. 반쪽 구원이 아니다. 우리의 영혼의 구원뿐만 아니라 육체의 구원도 예수님께서 이루어 주셨고 또 이루실 것이다. 예수님에 의하여 우리의 영육 전체가 의롭다 함 받았으며, 하나님의 자녀로 받아들여졌다(법적, 신분적). 그러나 우리(영과 육)의 실제적 성화는 아직도 진행 중이며, 이 세상에 사는 날 동안 육신의 연약함은 늘 따라다닌다. 그래서 우리 몸의 구속의 최종적 집행 또는 실행은 미래의 소망으로 남아 있다. 곧 우리의 몸이 부활할 때 우리의 육신의 연약함의 문제는 완전히 해결될 것이다. 그러나 그 근거와 보증은 이미 우리 안에 거하시는 성령을 통해 주어졌다. 따라서 우리는 여기서 몸과 영의 이원론을 거부하면서 조심스럽게 그리스도인의 소망, 곧 부활의 소망을 말할 수 있다. 우리는 이것을 다음과 같이 표현할 수 있다. 그리스도께서는 십자가에서 "다 이루셨다"(vollbracht!). 그러나 "아직 모든 것이 다 집행된 것은 아니다"(noch nicht alles ausgeführt!). 그것은 성령에 의해 진행 중이며 우리의 소망으로 남아 있다.

<11절>

ἐγείραντος   ἐγείρω의 아오리스트 분사. τοῦ ἐγείραντος는 여기서 명사적 용법으로 사용되었다. **일으킨 자의**.

ἐκ νεκρῶν   죽은 자들 가운데서. 여기서 ἐκ는 '가운데서'(among)의 뜻. 여기서 νεκρῶν은 명사적으로 사용되었다.

ἐγείρας   ἐγείρω의 아오리스트 분사. ὁ ἐγείρας는 **일으킨 자**.

ζῳοποιήσει   ζῳοποιέω(**살리다**)의 미래 직설법.

θνητός   죽을 운명의(mortal) < θνήσκω(**죽다**).

ἐνοικοῦντος   ἐνοικέω(**내주하다**)의 현재 분사.

διὰ τοῦ ἐνοικοῦντος πνεύματος   **내주하시는 성령으로 말미암아**. 여기에 πνεύματος를 수식하는 αὐτοῦ가 덧붙었다. 이 αὐτοῦ는 앞뒤 단어들의 격변화에 상관없이 항상 αὐτοῦ이다.

<12절>

ἄρα οὖν   그러므로(therefore).

ὀφειλέται   ὀφειλέτης(빚진 자)의 복수. 동사형은 ὀφείλω(**빚지다, 할 의무를 지고 있다**; owe, ought). 명사형으로는 ὀφείλημα가 있다. 이 단어는 '빚'이란 뜻으로 이는 또한 '반드시 갚아야 할 것, 당연한 것, 마땅한 것'이란 의미도 가지고 있다(cf. 롬 4:4).

τῇ σαρκί   **육신에게**(與格). 이 여격은 어떤 의미를 가지고 있는가? 여기서는 문장구조상 ὀφειλέται에게 걸리는 여격이라고 볼 수밖에 없다. 즉, "우리는 육신에게 빚진 자가 아니다."라는 뜻.

τοῦ κατὰ σάρκα ζῆν   여기서 <τοῦ + 부정사(inf.)>는 목적의 의미 즉, **육신을 따라 살기 위해/위한**(in order to live according to flesh). ζῆν은 ζάω(살다)의 현재 부정사.

<참고> 우리는 육신에 빚진 자가 아니라 하나님의 은혜에 빚진 자이다. 우리는 하나님의 은혜를 참으로 많이 받았다.

1) 의롭다 함 받음 - 우리의 모든 지은 죄 간과(용서), 의롭다 해주심. 하

나님과 화목. 화평을 누리고 즐거워 함(롬 3-5장).
2) 육신의 연약함 문제 해결 – 하나님이 자기 아들을 죄 있는 육신의 모양으로 보내어 정죄하심으로, 곧 십자가에서 대신 해결. 우리에게 결코 정죄함이 없음. 우리는 하나님의 자녀로서 항상 하나님의 사랑의 대상(롬 8:1-4).
3) 죽을 몸의 문제 – 다시 살리심(부활)으로 해결해 주실 것. 우리 안에 거하시는 성령이 장차 우리 몸의 부활에 대한 보증이 되신다. 따라서 이 문제도 원칙적으로 해결이 된 셈이다(롬 8:11).

이처럼 많은 은혜를 값 없이 하나님께로부터 받았으니 우리는 하나님께 신세를 많이 진 사람들이다. 즉, 빚을 많이 졌다. 따라서 우리는 감사함으로, 기쁨으로 조금이라도 하나님의 은혜에 보답하려고 해야 하는 것이다. 마치 일만 달란트를 탕감 받은 사람이 자기에게 일백 달란트 빚진 동료를 용서해 주는 것이 당연한 것처럼 말이다. 따라서 우리는 이제 은혜에 감사하는 마음으로 '육신을 따라 살지 않도록' 노력해야 한다. 이것은 우리의 공로를 앞세우는 '율법적 행위'가 아니라, 하나님의 은혜에 감사하여 기쁨으로 드리는 '조그만 보답', '지극히 조그만 보답'에 불과하다. 그러므로 우리에게는 하나님의 은혜에 대한 감사와 찬송이 여전히 중요한 삶의 주제가 된다.

<13절>

μέλλετε   ⟨μέλλω + 부정사⟩는 1) 가까운 미래(be about to); 2)

필연적인 것(be destined to)을 가리킨다. 여기서는 두 번째의 뜻.

ἀποθνῄσκειν   ἀποθνῄσκω(**죽다**)의 현재 부정사.

πνεύματι   수단의 여격. **성령으로**(with/by the Spirit).

πράξεις   πράξις의 복수 대격. πράξις는 πράσσω(**행하다**)에서 온 명사(**행위, 행동, 실천**).

θανατοῦτε   θανατόω(**죽이다**)의 현재 직설법.

ζήσεσθε   ζάω의 미래.
  * 기본형: ζάω - ζήσομαι - ἔζησα (미완료는 ἔζην)

<14절>

ὅσος, η, ον   관계 대명사. **하는 자는 누구든지**(whosoever).

πνεύματι θεοῦ   여기서 여격 πνεύματι는 '수단의 여격'으로보다는 '수동태에서 행위의 주체'를 나타내는 것으로 보는 것이 더 옳다고 생각된다. 즉, **하나님의 영에 의해**(by the Spirit of God). Cf. Blass-Debrunner-Rehkopf, *Griechische*

Grammatik, §191.

ἄγονται   ἄγω의 현재 수동태 직설법.

<15절>

ἐλάβετε   λαμβάνω의 아오리스트 직설법.

πνεῦμα δουλείας   **종노릇함의 영**. 이러한 영이 꼭 존재한다는 의미가 아니라, 이러한 영을 받지 **않았다**는 의미이다. 이것은 뒤에 나오는 바, "우리가 양자의 영을 받았다."라는 것을 강조하는 것이다.

εἰς φόβον   여기서 εἰς는 결과적으로 이해해야. 즉, **두려움으로 인도하는, 두려워하게 하는**.

πνεῦμα υἱοθεσίας   **아들 됨** 또는 **아들 삼음의 영**.

ἐν ᾧ   여기서 ἐν은 수단적으로 이해하는 것이 더 나을 듯하다. 즉, **성령으로**(with whom, whereby). Cf. Grosvenor, *ad loc.*

κράζω   외치다. 부르짖다(cry, cry out).

ἀββά   아람어 אב (히: אָב), 강세형 אַבָּא = ὁ πατήρ(또한 호격도 된다; cf. Zerwick, §34); *father, abba* (기도문 또는 가족 관계에서 사용되던 아람어인데, 헬라어를 사용하는 그리스도인들이 채용했음). 헬라어로 번역하면 ὁ πατήρ(막 14:36; 롬 8:15; 갈 4:6). Cf. Bauer-Gingrich, *A Greek-English Lexicon*, s.v. ἀββά.

<16절>

αὐτὸ τὸ πνεῦμα   **성령 자신이**(the Spirit Himself). 여기서 αὐτό는 τὸ πνεῦμα를 강조.

συμμαρτυρεῖ   <συμμαρτυρέω. 여기서 다음 두 가지 뜻이 가능하다. 1) (우리 영과) 함께 증거하다; 2) (우리 영에게) 증거하다. 2)의 경우에 συμ은 강조의 의미를 지닐 따름이다. 위 둘 중 어느 의미를 취하느냐에 따라 이 구절의 의미에 큰 차이가 있으나, 문법적으로 어느 것이 옳다고 선택하기 어렵다.

또 하나의 가능성으로 생각해 볼 수 있는 것은 "성령이 우리 영에게 함께 증거한다."라는 의미로 보는 것이다. 이것은 위 2)의 견해에서 συμ의 원래 의미를 살려서 보는 것이다. 우리가 하나님의 자녀인 것은 그 자체가 진리이다. 즉 이 진리 자체에 대해서는 하나님이 증인이라고 볼 수 있다. 따라서 **진리 자체**가 증거하고(즉, 하나님께서 증거하시고), 또한 성령이 우리 영에게 증거하신다. 따라서 이러한 **성령**의 증거는 '함께 증거하는 것'이 될 수밖에 없다(cf. 롬 2:15).

<17절>

καί 또한(also).

κληρονόμος 상속자(heir).

συγκληρονόμος 함께한 상속자, 공동 상속자(fellow-heir).

εἴπερ 만일 … 정말로 … 한다면(if indeed, if it is true that …).

συμπάσχω 함께 고난받다(suffer with).

συνδοξασθῶμεν συνδοξάζω의 아오리스트 수동태 가정법.

<18절>

λογίζομαι 여기다(consider, reckon).

ἄξιος			가치 있는, 자격 있는(worthy). 여기서는 뒤에 나오는 전치사 πρός와 함께 사용되었다. 그래서 οὐκ ἄξιος … πρός … 는 '… 과 비교할 수 없는'(not comparable to)의 뜻.

μέλλουσαν		μέλλω의 현재 분사. 장차의, 장차 오는.

ἀποκαλυφθῆναι	ἀποκαλύπτω(나타내다, 계시하다)의 아오리스트 수동태 부정사. 이 부정사는 바로 앞에 있는 δόξαν을 수식한다. 그리고 아오리스트가 사용된 것은 하나님의 자녀들의 나타남은 예수님의 재림 시에 단번에 이루어질 단회적 사건이기 때문이다. 그런데 이 사건이 일어나는 시점은 '미래'이다. 따라서 아오리스트를 '과거 시제'로 이해하는 것은 완전히 잘못임을 알 수 있다. 여기서는 그런 시제의 개념은 하나도 없고 오직 동작의 양상(aspect, Aktionsart)만 남아 있다.

εἰς ἡμᾶς		여기서 εἰς는 εἰς 원래의 뜻을 가지고 있다 (cf. Zerwick, §106f.). 우리에게로 향한(unto us).

<19절>

ἀποκαραδοκία	< ἀπό(로부터, 바깥으로) + καρά(머리) + δοκία(< δοκέω,

기대하다, 생각하다, 보이다). 따라서 ἀποκαραδοκία는 '간절한 기대'(earnest expectation), **학수고대(鶴首苦待)**.

ἀπεκδέχομαι   기다리다(await).

<20절>

ματαιότης   허무함, 헛됨(emptiness, futility).

ὑπετάγη   < ὑποτάσσω(굴복시키다)의 아오리스트 수동태.
  * 아오리스트 능동태) ὑπέταξα
    아오리스트 수동태) ὑπετάγην

ἑκών, ἑκοῦσα, ἑκόν   자원(自願)하는, 자의(自意)의(willing).

τὸν ὑποτάξαντα   관사 + 아오리스트 분사(ὁ ὑπόταξας의 대격). 여기서는 명사적(독립적) 용법. **굴복케 하신 자**.

ἐφ' ἐλπίδι = ἐπ' ἐλπίδι   소망을 가지고, 희망 하에(in the hope).
  * ἐλπίς의 격변화: ἐλπίς - ἐλπίδος - ἐλπίδι - ἐλπίδα.

<사본상의 문제> 𝔓⁴⁶ ℵ B* D*는 ἐφ' ἐλπίδι를 가지고 있으나 𝔓²⁷ 𝔐 A B² C D²는 ἐπ' ἐλπίδι를 가지고 있다(cf. The

Greek New Testament according to the Majority Text). 따라서 몇 개의 사본을 제외하고는 대다수의 사본들은 ἐπ' ἐλπίδι를 가지고 있음을 알 수 있다. 뿐만 아니라 B와 D의 교정자들의 교정 활동을 고려해 볼 때, 원필사자가 처음에 ἐφ' ἐλπίδι라고 잘못 쓴 것을 후의 필사자들이 ἐπ' ἐλπίδι로 바로잡았을 가능성이 있다.

<21절>

καὶ αὐτὴ ἡ κτίσις   피조물 자신도.

ἐλευθερωθήσεται   ἐλευθερόω(**해방하다**)의 미래 수동태 직설법.

φθορά   **썩음, 부패**(corruption, decay).

τὴν ἐλευθερίαν τῆς δόξης   **영광의 자유**. 여기서 τῆς δόξης는 '속성을 나타내는 속격'(attributive genitive)이다. 이는 또한 '히브리적 속격'(Hebrew genitive)이라고도 불린다 (Zerwick, §40f).

<22절>

οἴδαμεν   < οἶδα 완료 시상, 뜻은 현재(**알다**).

συστενάζω   < σύν(함께) + στενάζω(신음하다) = 함께 신음하다 (groan together).

συνωδίνω   < σύν(함께) + ὠδίνω(고통하다, 해산의 고통을 하다) = 함께 고통하다.

<23절>

οὐ μόνον δέ, ἀλλὰ καί …   and not only so, but also …

αὐτοί   분사 ἔχοντες에 들어 있는 의미상의 주어인 '우리'를 강조. **우리 자신도**(ourselves).

ἀπαρχή   **첫 열매**(first-fruit). Cf. 신 18:4; 민 15:20; 대하 4:42; 민 24:20; 암 6:1; 롬 11:16; 16:5; 고전 16:5; 고전 15:20, 23. Greijdanus에 의하면 τὴν ἀπαρχὴν τοῦ πνεύματος(성령의 첫 열매)에서 속격 τοῦ πνεύματος는 두 가지로 이해할 수 있다고 한다. 1) '부분적 속격'(gen. part.)으로 - 지금은 성령의 어떤 부분(첫 열매)을 받지만 나중에 더 큰 부분을 받을 것이라는 의미. 2) '설명적 속격'(gen. epexeg.) 또는 '동격의 속격'(gen. appos.)으로 - 성령이라는 열매 곧 성령. Greijdanus는 이 중 두 번째 것이 더 좋다고 한다(*Romeinen*, I, 379).

(그러나 우리는 여기에 또 하나의 가능한 해석이 있다고 본다. 그것은 여기서의 속격을 '주어적'으로 보는 것이다. 즉, 성령이 맺는 열매 곧 성령의 역사로 이루어진 열매의 의미로 보는 것이다. 그렇다면 그것은 구원, 거듭남, 자녀 됨 등을 뜻할 것이다).

αὐτοὶ τὴν ἀπαρχὴν τοῦ πνεύματος ἔχοντες 이 분사 구문은 '양보적'(concessive) 의미로 보는 것이 좋을 듯하다. **비록 우리 자신이 성령의 첫 열매를 가지고 있긴 하지만.**

ἡμεῖς καὶ αὐτοί 여기서 καὶ αὐτοί는 주어 강조. **우리 자신도 (we ourselves).**

ἐν ἑαυτοῖς 여기서 ἑαυτοῖς는 1인칭 복수형인 ἡμῖν αὐτοῖς 대신에 사용된 것이다. Hellenistic Greek에서는 1인칭과 2인칭의 재귀 대명사 대신에 3인칭 재귀 대명사가 많이 사용되는데, 특히 복수 1, 2인칭에서는 항상(하나의 예외인 고전 5:13을 제외하고서) 그러하다(Zerwick, §209). 따라서 여기서 ἐν ἑαυτοῖς는 **우리 자신들 안에.**

στενάζω **신음하다(groan).**

υἱοθεσία **아들 삼음, 양자 삼음(adoption).** 여기서는 우리가 믿어서

처음 양자됨의 때를 가리키지 아니하고, 우리가 하나님의 자녀로서 온전히 영광스러워지는 때를 가리킨다. υἱοθεσία가 구체적으로 무엇을 뜻하는지는 바울이 스스로 설명하고 있는데 곧 ἡ ἀπολύτρωσις τοῦ σώματος ἡμῶν을 가리킨다.

ἀπεκδεχόμενοι   ἀπεκδέχομαι의 현재 분사(앞의 19절을 보라).

ἀπολύτρωσις   **구속(救贖)**. 롬 3:24 참조. ἀπολύτρωσις는 ἀπό(**로부터; 곧 벗어남, 해방의 의미**)와 λύτρωσις(속량, redemption)의 합성어이다. λύτρωσις는 λύτρον(贖錢, 贖良金, 종을 석방하기 위해 지불해야 하는 자금)과 관계되어 있다. 즉, 속전(贖錢)을 주고 사서 해방시킨다는 의미이다. 이는 곧 죄로 말미암아 마귀에게 종노릇하는 우리를 속전을 주고 사서 해방시켜 주셨다는 의미이다. 우리를 해방하는 데 지불된 속전(ἀντίλυτρον)은 바로 예수 그리스도이다(딤전 2:6). 여기서 ἀντί는 어떤 것에 대한 대가로 지불하는 반대급부의 '대등성'(equivalence) 또는 '대체, 대속'(substitution)의 개념을 나타낸다(cf. Zerwick, §92-§94).

<24절>

τῇ ἐλπίδι   소망으로(with hope, in hope). 수단의 여격(dative of instrument).

ἐσώθημεν   σῴζω의 아오리스트 수동태 직설법 (1 복). 수동태에서 ζ가 탈락되었다.

βλεπομένη   βλέπω의 현재 수동태 분사 (여·단·주). 바로 앞에 있는 단어 ἐλπίς를 한정한다.

ἐλπίζω   소망하다(hope).

<25절>

ὃ οὐ βλέπομεν   우리가 보지 못하는 것(을).

ὑπομονή   인내(< ὑπομένω). δι᾽ ὑπομονῆς는 '인내를 통해'의 뜻.

ἀπεκδεχόμεθα   우리가 기다린다.

<26절>

ὡσαύτως   이와 같이(likewise).

καὶ τὸ πνεῦμα   성령도 또한(the Spirit, too). 여기서 καί는 '또한, … 도'(also, too)의 의미.

συναντιλαμβάνεται < συν + αντι + λαμβάνομαι (+ 여격), … **도우러 오다, 돕다**(come to help, help).

> * 적과 힘든 싸움을 하고 있는데, 맞은편에서 원군(援軍)이 도우러 오고 있는 모습을 연상케 한다.

ἀσθενεία   **연약함**(weakness). 우리 성도는 이 세상에 사는 날 동안에 여전히 '연약함'에 휩싸여 있다. 육신의 연약함으로 인하여 죄의 유혹을 받아 때로는 넘어지기도 하며 때로는 육신에 져서 죄에 팔리기도 한다. 그래서 율법의 요구를 다 이루지 못하며 늘 부족함 가운데 있다. 물론 예수 그리스도의 십자가의 죽음으로 말미암아 율법의 요구가 대신 이루어지고 이로 인하여서 우리에게 더 이상 '정죄'(κατάκριμα, **단죄, 저주**)가 없지만, 우리 자신을 바라볼 때 실제적으로는 여전히 육신의 연약함 가운데 있는 것이다. 따라서 로마서 8장을 통과하고 나면 더 이상은 육신의 연약함이 없다고 주장하거

나, 로마서 7장의 고민은 중생 전에만 있는 것이라고 말하는 사람은 '육신의 연약함'을 전혀 이해하지 못한 사람이다. 우리가 그리스도 안에 있다고 해서 천사가 된 것은 아니다. 우리가 여전히 연약함 가운데 있는 것을 로마서 8장 26절이 또다시 확인해 주고 있다(본 장 3절의 설명 참조).

τὸ τί προσευξώμεθα καθὸ δεῖ   **우리가 마땅히 기도해야 할 바대로 무엇을 기도해야 할 것을.** 여기서 τό는 τί προσευξώμεθα καθὸ δεῖ 라는 목적절을 이끈다. 그래서 οὐκ οἴδαμεν의 목적절이 된다.

προσευξώμεθα   προσεύχομαι(πρός + εὔχομαι)의 아오리스트 가정법. 여기서 이 가정법은 '무엇을 할까, 하여야 할까'를 나타내는 '고려의 가정법'(subjunctive deliberative). Cf. 마 6:25의 φάγητε, πίητε, ἐνδύσησθε.

καθὸ δεῖ   **마땅히 해야 할 대로(as we ought).** καθό는 접속 부사(as). δεῖ는 비인칭 동사(impersonal verb)로 인칭에 따른 변화가 없다. 그 뜻은 be necessary, must; should, ought; proper.

οἴδαμεν   원형은 οἶδα. 형태는 완료이지만 뜻은 현재이다.

알다(know).

αὐτὸ τὸ πνεῦμα   성령 자신이(the Spirit Himself).

* αὐτός의 세 가지 용법 잘 알아 둘 것.

ὑπερεντυγχάνει   ὑπερεντυγχάνω < ὑπέρ + ἐντυγχάνω, **위하여 중보 기도하다, 위하여 탄원하다**(τυγχάνω의 뜻은 **마주치다, 만나다** 등). 사본에 따라서는 ὑπερεντυγχάνει 다음에 ὑπὲρ ἡμῶν이 덧붙어 있는 것도 많이 있다. 어쨌든 본문의 의미에는 차이가 없다. 성령은 우리의 기도를 통해서 뿐만 아니라, 우리의 기도 밖에서도 우리를 위하여 기도하신다(cf. Greijdanus, *Romeinen*, I, 384). 즉, 성령은 우리가 기도할 때에 올바른 기도를 하도록 도우실 뿐만 아니라 우리가 기도하지 않을 때에, 우리가 의식하지 못할 때에도 우리를 위해 기도하신다. 또한 예수님도 우리를 위해 간구하신다(롬 8:34).

στεναγμοῖς   στεναγμός(탄식)의 복수 여격. 복수가 사용된 것은 많은 탄식을 의미. 그리고 여기서 여격은 '수단의 여격'(dative of means).

ἀλαλήτοις   < ἀ + λάλητος, **말할 수 없는, 말로 다 표현할 수 없는** (unutterable). λάλητος는 λαλέω(**말하다**, utter)에서

온 단어.

<27절>

ἐραυνῶν   ἐραυνάω(**살피다, 감찰하다**)의 현재 분사.
              <ὁ+현재 분사>는 ' … 하는 자'란 뜻. 따라서 ὁ ἐραυνῶν은 '**감찰하는 자**'란 뜻.
              <참고> ἐραυνῶν에서 circumflex 악센트가 온 것은 원동사의 끝부분의 이중 모음이 여기에 축약(縮約)되어 있음을 암시한다. 또한 λύων에서처럼 원래 penult에 와야 할 악센트가 제일 끝으로 이동하였다.

τί   의문 대명사/부사. 무엇(what) 또는 왜(why).
              항상 어큐트(acute) 악센트가 온다. τὸ φρόνημα τοῦ πνεύματος 다음에 ἐστιν이 생략되었다고 볼 수 있다.

φρόνημα   **생각**. 넓은 의미에서의 생각(知·情·意의 활동).
              관계된 동사는 φρονέω. 5, 6절의 설명 참조.

ὅτι   **왜냐하면(because)**. 여기서 ὅτι를 that로 볼 수도 있지만 (e.g. Grosvenor), 그것보다는 because로 보는 것이 더 옳다고 생각된다(Greijdanus). 왜냐하면 that로 볼 경우 οἶδεν의 목적절이 두 개가 되어 뜻의 연결이 어렵기

때문이다.

κατὰ θεόν   하나님(의 뜻)을 따라.

ὑπὲρ ἁγίων   거룩한 자들 곧 성도들을 위해.

<28절>

τοῖς ἀγαπῶσιν   사랑하는 자들에게. 이는 성도들 중에서 특별히 사랑받는 자들을 가리키는 것이 아니라, 모든 택함 받은 성도들을 가리킨다. ἀγαπῶσιν은 ἀγαπάω의 현재 능동태 분사 남성 복수 여격.

<참고> λύω 동사의 현재 능동태 분사는 남성/중성 복수 주격에서 λύουσι(ν)이 되어서, 현재 능동태 직설법 동사의 3인칭 복수와 똑같아지므로 주의를 요한다(대개 앞에 관사가 있으면 분사가 된다). 그런데 여기서 분사의 어미가 -ουσιν이 되지 않고 -ῶσιν이 된 것은 ἀγαπάω 동사의 어미가 αω로 끝나기 때문이다. ω 위에 circumflex가 붙은 것은 그 곳에 모음이 축약되었음을 암시한다.

πάντα   πᾶς, πᾶσα, πᾶν의 중성 복수 주격. πάντα는 복수이지만 단수 동사를 취했다.

συνεργέω   함께 일하다, 협력하다, 합력하다(work together with, coperate).

εἰς ἀγαθόν   선(善)으로. 여기서 εἰς는 결과의 의미(into, unto). … 로 인도하는, … 의 결과를 가져오는. ἀγαθόν은 중성으로서 명사화되었다(좋은 것, 善).

πρόθεσις   πρό는 '앞'(before)이란 뜻. θεσις는 τίθημι (두다, 세우다)에서 온 말. 따라서 πρόθεσις는 '미리 세운 것, 계획, 작정'이란 뜻.

〈참고〉 그러나 θεσις란 단어가 따로 독립적으로 존재하는 것은 아니다.

κλητοῖς   καλέω(부르다)에서 온 말. 따라서 κλητός는 '부름 받은'(called) 또는 명사화되어 '부름 받은 자'(the called). 여기서는 바로 뒤에 명사 역할을 하는 분사 οὖσιν이 오기 때문에 그냥 형용사로 보아야 한다.

οὖσιν   εἰμί동사의 현재 분사(남·복·여). 여기서 τοῖς κατὰ πρόθεσιν κλητοῖς οὖσιν은 앞의 τοῖς ἀγαπῶσιν τὸν θεόν과 동격이다. 이 뒷부분을 덧붙인 이유는 하나님을 사랑하는 것이 자기 스스로의 힘으로 나온 것이 아

제2부 강독편

니라, 하나님께서 먼저 그렇게 하도록 역사하셨기 때문임을 말하기 위해서이다(cf. 롬 5:4; 요일 4:19).

<29절>

ὅτι   왜 하나님을 사랑하는 자, 곧 그의 계획대로 부르심을 입은 자들에게는 모든 것이 합력하여 선을 이루는지 그 이유를 설명한다.

οὕς   관계 대명사 남성 복수 대격(whom).

προέγνω   προγινώσκω(πρό + γινώσκω)아오리스트. 뜻은 '**미리 알다, 예지(豫知)하다**'. 그러나 이것은 아무런 결정권도 없이 단순히 알기만 하는 '순수 예지'(*nuda praescientia*)를 뜻하는 것(cf. Arminians)은 아니고, 결정 또는 예정을 포함하는 豫知를 뜻한다.

* γινώσκω의 기본형 변화는 확실히 알아 두도록 하자. 아오리스트 ἔγνων의 인칭에 따른 변화는 ἔγνων, ἔγνως, ἔγνω … 식으로 변한다.

καὶ προώρισεν   여기서 καί는 '또한'(also)의 의미. προώρισεν은 προορίζω(πρό + ὁρίζω)에서 왔다. 뜻은 **미리 정하다, 예**

정하다.

σύμμορφος, ον   같은 형상을 가지는(having the same form).
                  원래는 형용사이나 여기서는 명사로 사용되었다.
                  문장 속에서 목적 보어 역할을 한다.

εἰκών, εἰκόνος, ἡ   형상(image).

εἰς τὸ εἶναι αὐτόν   그가 … 이기/되기 위하여. 〈εἰς τὸ + 부정사〉
                       는 목적을 나타낸다. αὐτόν은 부정사의 의미상의 주어
                       이다.

πρωτότοκος   πρῶτος와 τόκος의 합성어. τόκος는 τίκτω(낳다)라는
               동사에서 왔다(cf. technology). (가장) 먼저 난 자(the first-
               born).

ἐν πολλοῖς ἀδελφοῖς   많은 형제들 가운데서. 여기서 ἐν은 among의 뜻.

<30절>

τούτους   이들을. 바로 앞에 있는 οὓς προώρισεν을 다시 받는다.

καὶ ἐκάλεσεν   또한 부르셨다. ἐκάλεσεν은 καλέω의 아오리스트.

καὶ οὓς ἐκάλεσεν   여기서 καί는 **그리고**의 뜻.

ἐδικαίωσεν   δικαιόω(의롭게 여기다, 의롭다고 칭하다)의 아오리스트. 어떤 사람을 δικαιόω한다고 할 때, 그것은 그 사람을 사실적(事實的)으로 '의롭게 만들어 준다'는 것이 아니라, 그 사람의 죄와 그로 말미암은 형벌에서 벗어나도록 사면해 준다는 의미에서 '의롭게 여긴다'는 뜻이다. 곧 법정적(法廷的, forensic) 의미이다. 즉, '형벌 면제'의 의미요, 이제 '하나님의 사랑받는 자녀'가 되었다는 의미이다. 따라서 그에게는 더 이상 영원 형벌이 없으며 정죄가 없다(롬 8:1). 그는 영원히 하나님의 사랑을 받는 하나님의 자녀이다(롬 8:38-39).

ἐδόξασεν   δοξάζω(**영화롭게 하다**, glorify)의 아오리스트.

<참고> 전통적인 교의학에서는 '영화'(glorification)는 마지막 종말 때, 곧 성도의 육신이 부활할 때 일어나는 것으로 말하는데, 여기서는 '이미 일어난 사실'(아오리스트 직설법)로 말하고 있다. 이 문제를 어떻게 해결할 것인가? 전통적인 교의학이 잘못되었는가? 그렇지 않다. 우리는 아직도 여전히 육신의 연약함과 죄 가운데 살고 있으며 미래의 영화의 상태를 기다리고 있는 것이 사실이다. 그렇다면 문제 해결은 다음 두 가지 중 하나일 것이다. 이 구절에서 사도 바

울이 말하는 바는 성도의 종국적 상태, 곧 영원한 축복의 상태인데(17-19, 21, 23절), 그것은 너무나 확실하고 하나님의 예정과 뗄 수 없도록 밀접하게 연결되어 있기 때문에 여기에 이렇게 '이미 일어난 사실'로 표현되어 있다(S. Greijdanus); 또 다른 하나의 가능성은 여기에 사용된 δοξάζω의 의미를 교의학에서 말하는 '영화'의 개념과 좀 다르게 보는 것이다. 즉, 이 구절의 δοξάζω는 성도의 종국적 상태를 가리키는 것이 아니라, 성도가 지금 그리스도 안에서 누리고 있는 칭의와 구원의 축복, 하나님의 자녀 됨의 신분, 하나님의 보호하심과 위로하심 등등 축복의 상태를 가리킨다고 보는 것이다. 우리 성도는 지금 그리스도 안에서 충만한 사랑과 은혜와 영광을 받아 누리고 있다(cf. 엡 1:3, 8; 2:4-7; 3:8, 19; 요 10:35 등).

<31절>

ἐροῦμεν	λέγω의 미래. * λέγω의 기본형 변화는 반드시 외워 두도록 하자.
πρὸς ταῦτα	이것들을 향하여, 대하여.
ὑπὲρ ἡμῶν	우리를 위하여(for us).

καθ᾽ ἡμῶν	우리를 대항/대적하여(against us).

<32절>

ὅς γε	ὅς는 관계 대명사. γε는 편사(片詞, particle)로서 앞에 있는 단어를 강조하며 별 뜻은 없다.
ἐφείσατο	φείδομαι(아끼다, spare)의 아오리스트. 원형에서 δ가 탈락했다. 앞의 τοῦ ἰδίου υἱοῦ가 ἐφείσατο의 목적어인데 속격으로 온 이유는 φείδομαι 동사는 원래 속격을 취하기 때문이다. <참고> φείδομαι가 왜 속격을 취하는지 그 이유는 묻지 않는 것이 좋다. 이 동사가 속격을 취하게 된 것은 헬라 사람들이 옛날부터 그렇게 사용해 왔기 때문이다. 처음에 그렇게 사용하게 된 데는 뭔가 이유가 있었을지 모르지만, 그 후로는 그저 관용적으로 그렇게 사용해 왔을 것이다.
παρέδωκεν	παραδίδωμι의 아오리스트. παραδίδωμι의 뜻은, 1) 건네주다, 전달하다(hand over, transmit); 2) 배신하다(betray); 3) 내어주다, 희생하다(give over, sacrifice).

οὐχί   οὐ의 강조형.

καὶ σὺν αὐτῷ   또한 그와 함께.

χαρίσεται   χαρίζομαι의 미래. χαρίζομαι의 뜻은 **은혜로 주다** (give as a favor).

<33절>

ἐγκαλέσει   ἐγκαλέω의 미래. 이 미래는 '미래 시제'를 가리키는 미래라기보다는 '가능'을 나타내는 미래이다. ἐγκαλέω는 '**송사하다**'(accuse, bring a charge)를 뜻한다.

κατά   여기서는 '**대항하여**'(against)의 뜻.

ἐκλεκτῶν   ἐκλεκτός, ή, όν(**택함 받은**)의 복수 속격. ἐκλεκτός는 ἐκλέγομαι(**택하다, 선택하다**)에서 왔다.

θεὸς ὁ δικαιῶν   여기서 관사가 있는 ὁ δικαιῶν이 주어이며, 관사가 없는 θεός가 보어이다.

<34절>

τίς ὁ κατακρινῶν   여기서도 마찬가지로 ὁ κατακρινῶν을 주어로 보고 τίς를 보어로 보아야 한다. κατακρινῶν은 κατακρίνω의 미래 분사이다. 왜냐하면 악센트가 제일 끝 음절에 circumflex로 왔기 때문이다(현재 분사가 되려면 κατακρίνων이 와야 한다). 미래 분사는 신약에서 아주 드물게 사용된다(Zerwick, §282). 여기에 미래 시상이 사용된 것은 '미래 시제'를 나타내기 위함이라기보다는 '가능'을 나타내기 위함이다. **정죄할 자는 누구뇨?**

        * κρίνω - κρινῶ - ἔκρινα - κέκρικα

ὁ ἀποθανών   주어이다. **죽으신 이**. ἀποθανών은 ἀποθνῄσκω의 아오리스트 분사. 죽는 것은 단회적 동작이므로 아오리스트가 사용되었다.

        * ἀποθνῄσκω - ἀποθανοῦμαι - ἀπέθανον - τέθνηκα

μᾶλλον δὲ ἐγερθείς   ἐγείρω의 아오리스트 수동태 분사. ἐγερθείς는 ἀποθανών과 함께 관사 ὁ에 연결된다. μᾶλλον δέ는 '오히려, 더욱 더'의 뜻인데, ἀποθανών과 ἐγερθείς를 역접으로 연결하면서, ἐγερθείς가 ἀποθανών보다 더욱 더 중요함을 말하고 있다.

ὃς καὶ ἐστιν   who is also. 여기서 καί는 '**또한**'(also)의 뜻.

ἐν δεξιᾷ   오른편에(on the right hand). δεξιός, ά, όν(right).
            여기의 δεξιᾷ 다음에 χειρί가 생략되어 있다고 볼 수 있다.

ἐντυγχάνει   간구하다.

<35절>

χωρίσει   χωρίζω(분리하다, 떼어놓다)의 미래.

θλῖψις   환난(trouble, hard circumstances).

στενοχωρία   곤고(distress, difficulty). στενός는 '좁은, 답답한'(narrow)의 뜻.

διωγμός   핍박. 동사 διώκω에서 온 명사.

λιμός, οῦ [ὁ or ἡ]   기근(famine).

γυμνότης   벌거벗음(nakedness).

κίνδυνος   위험(danger).

μάχαιρα   칼(sword).

<36절>

καθὼς γέγραπται   기록되어 있는 바와 같이(as it is written). γέγραπται 는 γράφω의 완료 수동태. 기록되기는 과거의 어느 시점에 기록되어 있지만, 그 결과가 지금까지 남아서 영향을 미치고 있는 상태를 가리킨다. 즉, 지금 성경에 기록되어 있는 상태를 가리킨다.

ἕνεκεν σου   당신 때문에(on account of you).

θανατούμεθα   θανατόω(**죽이다**)의 현재 수동태 직설법.

ὅλην τὴν ἡμέραν   시간의 지속을 나타내는 대격(accusative of duration). 이 책 §50 참조. **온종일 동안**.

ἐλογίσθημεν   λογίζω(**여기다**)의 아오리스트 수동태 직설법.

πρόβατα   πρόβατον(**양**)의 복수.

σφαγή   도살(slaughter). 동사는 σφάζω(**도살하다**; 특히 제사를 위

해 짐승을 도살하다).

<37절>

ἐν τούτοις πᾶσιν   이 모든 일에 있어서(in all these situations).

ὑπερνικῶμεν   ὑπερνικάω(**넉넉히 이기다**)의 현재 능동태 직설법. 여기서 ὑπέρ는 '**넉넉히, 충분히**'의 의미.

διὰ τοῦ ἀγαπήσαντος ἡμᾶς   **우리를 사랑하신 이를 통하여**. ἀγαπήσαντος 는 아오리스트. 따라서 단회적 동작을 가리킨다. 곧 십자가에서 우리를 **사랑하신** 그 사랑을 가리킨다.

〈참고〉 그런데 개역 한글판에는 그냥 '우리를 **사랑하시는** 하나님'으로 되어 있는데 이는 정확한 번역이 아니다. 바울이 여기서 말하고자 하는 바는 그냥 일반적인 의미에서 '우리를 사랑하시는 하나님'이 아니라 '골고다 언덕의 십자가에서 우리 죄인들을 사랑하신 그 하나님'으로 말미암아 우리는 현재의 어떠한 환난과 어려움도 이길 수 있다는 것이다. 따라서 그 하나님의 사랑은 우리의 상황에 따라 변하거나 움직이는 것이 아니다. 우리의 날마다의 상황이나 컨디션에 따라 왔다 갔다 하는 것이 아니다. 많은 성도들은 일이 잘 되거나 컨디션이 좋으면 하나님이 나를 사랑하시는가 보다 생각하여 기분 좋아하고 기뻐하다가도 어려운 일들이 닥치고 일이 잘 안 되면 하나님의 사랑을 의심하며 불안해하고 시무룩하게 된다. 그러나 사도 바울은 그렇지 않았다. 그에게는 많은 환난과 곤고와 어려움들이 찾아 왔었다. 일이 잘 안 되고 낙심시키는 것들이 참 많이 있었다. 그러나 그 모든 일 가운데서도 골고다 언덕에서 그를 '사랑하신' 하나님으로 말미암아 넉넉히 이기고 승리한다고 외치고 있다. 이것이 곧 모든 역경을 뛰어넘는 참된 믿음이다. 참된 믿음은 현재의 나의 환경에 의지하지 않고 십자가에서 나를 사랑하신 하나님을 의지할 때에 나온다.

<38절>

πέπεισμαι   πείθω의 완료 수동태. πείθω는 능동태로서 '**확신시키다. (다른 사람을) 설득하다**'(convince, persuade)의 의미이며, 미래와 아오리스트에서도 능동태는 이런 사역적(使役的) 의미를 지닌다. 그러나 완료에서는 능동태인 πέποιθα와 수동태인 πέπεισμαι 둘 다 '**확신하다**'(be convinced)의 의미를 지닌다.

ἀρχαί   ἀρχή의 복수. **권세자들. 천상의 영물들(?)**.

ἐνεστῶτα   ἐνίστημι(<ἐν + ἵστημι)의 완료 분사. 시상은 완료이지만 뜻은 현재. **현재의**(present).

μέλλοντα   μέλλω의 현재 분사. **장차의**(coming).

<39절>

ὕψωμα   높음(height). 동사는 ὑψόω(높이다).

βάθος   깊음(depth).

ἕτερος, α, ον   다른(different). 여기서는 ἄλλος와 동의어로 사용되었다(Zerwick, §153).

δυνήσεται   δύναμαι의 미래.

χωρίσαι   χωρίζω(분리하다, 떼어놓다)의 아오리스트 분사.

τῆς ἐν Χριστῷ Ἰησοῦ τῷ κυρίῳ ἡμῶν   그리스도 예수 우리 주 안에 있는. Χριστῷ Ἰησοῦ와 τῷ κυρίῳ ἡμῶν은 동격 관계. 관사 τῆς는 앞에 있는 τῆς ἀγάπης에 연결시켜 주는 역할을 한다.